"TRADING ALGORITMICO: Estrategias, Tecnologías y Herramientas para el Mercado Moderno"

INDICE

Contenido

"TRADING ALGORITMICO: Estrategias, Tecnologías y Herramientas para el Mercado Moderno" 2

Agradecimiento 5

Prólogo 6

Introducción 8

CAPITULO 1 10

1. Introducción al Trading Algorítmico 10

CAPITULO 2 21

Fundamentos del Mercado Financiero 21

CAPITULO 3 48

Estrategias de Trading Algorítmico 48

CAPITULO 4 69

Diseño y Desarrollo de Algoritmos 69

CAPITULO 5 103

5. Análisis de Datos y Machine Learning en Trading 103

CAPITULO 6 112

Evaluación y Optimización de Estrategias ... 112

CAPITULO 7 121

Implementación y Ejecución 121

CAPITULO 8 129

Aspectos Legales y Regulatorios..................129

CAPITULO 9 136

Herramientas y Recursos: Plataformas Populares de Trading Algorítmico 136

CAPITULO 10 151

BUILDER DE PROGRAMACION PARA TRADING ALGORITMICO 151

CAPITULO 11 161

VPS PARA ALOJAMIENTO Y OPERACION CONTINUA 161

CAPITULO 12 171

Perspectivas Futuras 171

ANEXOS 176

A través de éste enlace puede acceder a la publicación en Amazon 226

Agradecimiento

Quiero expresar mi más sincero agradecimiento por haber adquirido este libro. Tu interés en aprender y perfeccionar tus conocimientos sobre el mundo del **Trading Algorítmico** es un paso importante hacia el éxito en los mercados financieros. Mi objetivo con esta obra ha sido ofrecerte herramientas útiles, estrategias prácticas y una visión clara de esta apasionante modalidad de trading.

Espero que lo que has aprendido aquí te inspire y te ayude a mejorar tus habilidades como trader. Recuerda que el conocimiento es el mejor activo en este camino, y que la práctica constante y el análisis cuidadoso son claves para alcanzar tus metas.

Prólogo

El mundo financiero ha experimentado una transformación sin precedentes en las últimas décadas, impulsado por la fusión de la tecnología y los mercados globales. Este libro, "Trading Algorítmico: Plataformas, Lenguajes, Builders y VPS", surge como una guía esencial para aquellos que desean comprender y dominar una de las áreas más revolucionarias del trading moderno.

El trading algorítmico, una disciplina que combina programación, análisis financiero y ejecución estratégica, no solo ha democratizado el acceso a los mercados, sino que también ha redefinido la forma en que se toman decisiones en tiempo real. Desde su origen en los años 70, cuando las computadoras empezaron a calcular precios teóricos, hasta su evolución en los sofisticados algoritmos de alta frecuencia de hoy, este enfoque ha demostrado ser una herramienta poderosa tanto para traders minoristas como institucionales.

Este libro no es solo un manual técnico; es una invitación a adentrarse en el fascinante universo del trading automatizado. Aquí, el lector encontrará no solo explicaciones claras sobre conceptos fundamentales como las plataformas de trading, lenguajes de programación y servidores VPS, sino también herramientas prácticas para desarrollar sus propias estrategias y ejecutarlas con eficacia.

A medida que avances en sus páginas, descubrirás cómo elegir la plataforma que mejor se adapte a tus necesidades, cómo programar estrategias en lenguajes como Python o MQL5, y cómo garantizar que tus algoritmos operen de manera ininterrumpida gracias a servidores VPS. Además, exploraremos la creatividad detrás de los builders de programación, que hacen accesible el trading algorítmico incluso para quienes no poseen conocimientos avanzados en programación.

"Trading Algorítmico: Plataformas, Lenguajes, Builders y VPS" es más que un libro; es un mapa hacia el futuro de las finanzas. Mi esperanza es que esta obra inspire a sus lectores a adoptar una mentalidad innovadora, a experimentar sin miedo y a aprovechar las herramientas tecnológicas para conquistar sus objetivos en los mercados.

El trading algorítmico no es el privilegio de unos pocos; es una oportunidad al alcance de todos aquellos dispuestos a aprender, adaptarse y evolucionar.

¡Bienvenidos a este emocionante viaje!

Introducción

El vertiginoso avance de la tecnología ha transformado cada aspecto de nuestras vidas, y el mundo financiero no ha sido la excepción. Entre las innovaciones más significativas de las últimas décadas destaca el trading algorítmico, una disciplina que fusiona la programación y la estrategia financiera para automatizar decisiones y operaciones en los mercados globales. Este libro, "Trading Algorítmico: Plataformas, Lenguajes, Builders y VPS", tiene como objetivo desmitificar este apasionante campo y proporcionar una guía práctica y accesible para traders de todos los niveles.

Desde su aparición en la década de los 70, el trading algorítmico ha evolucionado desde simples cálculos computarizados hasta sofisticados sistemas de alta frecuencia capaces de ejecutar miles de operaciones en milisegundos. Este cambio no solo ha democratizado el acceso a herramientas avanzadas de inversión, sino que también ha redefinido las reglas del juego en los mercados financieros. Ahora, cualquier trader con acceso a una computadora, una conexión estable y conocimientos básicos de programación puede desarrollar estrategias automatizadas y competir en igualdad de condiciones con instituciones financieras globales.

En las páginas que siguen, exploraremos las piezas clave del trading algorítmico: desde las plataformas y lenguajes de programación hasta los builders y servidores VPS que permiten la operación continua y confiable de algoritmos. Más allá de los aspectos técnicos, este libro ofrece una visión integral sobre cómo aprovechar estas herramientas para maximizar oportunidades en los mercados.

El trading algorítmico no es solo tecnología; es creatividad, estrategia y visión. Con este libro, te invitamos a descubrir cómo diseñar y ejecutar tus propias estrategias, adaptarte a las dinámicas del mercado y, en última instancia, posicionarte en la vanguardia del trading moderno.

Bienvenido a un mundo donde la innovación se encuentra con las finanzas. Este es el punto de partida para convertirte en un trader algorítmico exitoso.

CAPITULO 1

1. Introducción al Trading Algorítmico

1.1. ¿Qué es el trading algorítmico?

El trading algorítmico se basa en la creación de algoritmos, que son conjuntos de instrucciones codificadas en un lenguaje de programación. Estos algoritmos analizan datos en tiempo real, identifican oportunidades de mercado y ejecutan operaciones de forma automática. El proceso general incluye las siguientes etapas:

Diseño de la Estrategia:

Los traders o programadores diseñan una estrategia basada en reglas específicas, como:

Comprar un activo si el precio cruza por encima de una media móvil.

Vender cuando el precio toque una resistencia determinada.

Estas reglas se basan en análisis técnico, fundamental o una combinación de ambos.

Codificación:

La estrategia se traduce en un código que puede ejecutarse en plataformas de trading o servidores. Los lenguajes más comunes incluyen Python, C++, MQL4/MQL5, entre otros.

Backtesting:

Antes de implementar el algoritmo en el mercado en vivo, se somete a un proceso de prueba utilizando datos históricos. Esto permite evaluar el desempeño de la estrategia en escenarios pasados y ajustar parámetros según sea necesario.

Ejecución en Vivo:

Una vez optimizado, el algoritmo se implementa en el mercado en tiempo real. Se conecta directamente con plataformas de trading o APIs de brokers para enviar órdenes automáticas.

Supervisión y Ajuste:

Aunque el proceso está automatizado, los traders supervisan el desempeño del algoritmo y realizan ajustes si las condiciones del mercado cambian.

1.2. Historia del trading algorítmico: De los primeros algoritmos a los sistemas actuales.

El trading algorítmico comenzó a desarrollarse en la década de 1970 con la introducción de las primeras computadoras en los mercados financieros. En sus inicios, estas máquinas se utilizaban principalmente para calcular precios teóricos y analizar datos históricos. Sin embargo, a medida que la tecnología avanzó, los algoritmos comenzaron a jugar un papel activo en la ejecución de operaciones.

En la actualidad, el trading algorítmico representa una parte significativa del volumen de transacciones en los mercados globales, especialmente en activos como acciones, divisas, futuros y opciones. Los algoritmos de alta frecuencia (HFT, por sus siglas en inglés) son una forma avanzada de trading algorítmico que busca aprovechar microoportunidades de mercado en milisegundos.

1.3. Ventajas y desventajas del trading algorítmico.

Ventajas del Trading Algorítmico

El trading algorítmico ofrece una serie de ventajas que lo convierten en una herramienta poderosa tanto para traders minoristas como para instituciones financieras:

Ejecución Rápida y Precisa:

Los algoritmos pueden procesar grandes cantidades de datos y ejecutar operaciones en milisegundos, algo imposible para los seres humanos.

Eliminación de las Emociones:

El trading automatizado elimina el impacto de emociones como el miedo y la codicia, lo que ayuda a los traders a seguir su estrategia de manera disciplinada.

Capacidad de Backtesting:

Los algoritmos permiten probar estrategias en datos históricos para evaluar su viabilidad antes de aplicarlas en el mercado real.

Escalabilidad:

Los algoritmos pueden gestionar múltiples estrategias y mercados simultáneamente, algo que sería inviable para un trader manual.

Optimización del Tiempo:

Una vez desarrollado el algoritmo, este opera de manera autónoma, liberando tiempo para que los traders se concentren en otras actividades.

Desventajas y Retos del Trading Algorítmico

A pesar de sus ventajas, el trading algorítmico no está exento de desafíos:

Complejidad Técnica:

Requiere conocimientos avanzados de programación, matemáticas y finanzas, lo que puede ser una barrera para los principiantes.

Riesgo de Errores:

Un error en el código o una mala interpretación de los datos puede resultar en pérdidas significativas.

Dependencia de Infraestructura Tecnológica:

El éxito del trading algorítmico depende de contar con servidores rápidos, conexiones estables y acceso a datos de mercado en tiempo real.

Competencia Intensa:

En mercados altamente competitivos, como el de alta frecuencia, incluso una pequeña ventaja tecnológica puede marcar la diferencia entre ganar y perder.

Riesgo de Sobreoptimización:

Al ajustar demasiado una estrategia a los datos históricos, puede volverse ineficaz en condiciones de mercado futuras.

1.4. ¿Quién puede hacer trading algorítmico?

El trading algorítmico, aunque solía estar reservado para grandes instituciones financieras debido a los altos costos tecnológicos, hoy en día está al alcance de una gama más amplia de personas gracias a los avances en software, plataformas de trading accesibles y recursos educativos disponibles en línea. A continuación, exploramos quiénes pueden adentrarse en este campo:

Profesionales Financieros

Los analistas, gestores de fondos y traders profesionales suelen ser los principales usuarios del trading algorítmico. Gracias a su conocimiento avanzado de los mercados y estrategias financieras, utilizan algoritmos para optimizar sus operaciones, reducir costos de transacción y gestionar grandes volúmenes de activos.

Ventaja: Estos profesionales ya comprenden conceptos como la microestructura del mercado, el riesgo y la volatilidad, lo que les permite aprovechar al máximo las herramientas algorítmicas.

Desafío: Integrar estos sistemas en operaciones tradicionales requiere capacitación técnica en programación y análisis de datos.

Programadores y Científicos de Datos

Las personas con experiencia en programación, especialmente en lenguajes como Python, C++, R o MQL4/MQL5, tienen una gran ventaja en el trading algorítmico. Su habilidad para construir, probar y optimizar algoritmos los convierte en jugadores clave en este campo.

Ventaja: Comprenden cómo manipular grandes cantidades de datos y aplicar modelos matemáticos o de aprendizaje automático para identificar patrones en el mercado.

Desafío: Deben adquirir conocimientos financieros para comprender cómo aplicar sus habilidades técnicas al trading.

Emprendedores e Inversores Individuales

Gracias a las plataformas de trading accesibles, los inversores individuales y emprendedores pueden diseñar y utilizar estrategias algorítmicas personalizadas. Este grupo incluye desde traders principiantes hasta pequeños empresarios que buscan automatizar sus operaciones.

Ventaja: Acceso a herramientas educativas, software gratuito y entornos de simulación como MetaTrader, QuantConnect y NinjaTrader.

Desafío: Requieren invertir tiempo en aprender tanto los fundamentos del mercado como habilidades técnicas básicas.

Estudiantes y Académicos

El trading algorítmico atrae a estudiantes de finanzas, ingeniería y matemáticas, así como a investigadores académicos interesados en modelar mercados o probar teorías económicas. Muchos inician sus experimentos en entornos de simulación antes de operar en mercados reales.

Ventaja: Los académicos pueden aprovechar sus conocimientos teóricos para construir modelos avanzados de predicción y simulación.

Desafío: Pasar de modelos teóricos a sistemas prácticos en entornos de mercado en tiempo real puede ser complicado.

Instituciones Financieras y Empresas de Tecnología

Las grandes empresas, incluidos bancos de inversión y fondos de cobertura, lideran el uso del trading algorítmico. Cuentan con equipos especializados que combinan experiencia financiera, tecnológica y cuantitativa.

Ventaja: Recursos ilimitados para desarrollar sistemas de alta frecuencia y algoritmos complejos.

Desafío: Cumplir con regulaciones estrictas y mantener ventaja competitiva frente a rivales tecnológicos.

Requisitos Básicos para Cualquier Persona Interesada

Aunque el trading algorítmico es accesible, se necesitan ciertas habilidades y herramientas básicas para incursionar en este campo:

Conocimientos Financieros: Entender cómo funcionan los mercados financieros y las estrategias de trading.

Habilidades Técnicas: Familiaridad con programación y análisis de datos.

Plataformas y Recursos: Acceso a un software de trading algorítmico y datos históricos para pruebas.

Mentalidad Analítica: Capacidad para interpretar métricas de rendimiento y ajustar estrategias según sea necesario.

En resumen, el trading algorítmico está al alcance de cualquier persona dispuesta a invertir tiempo y esfuerzo en adquirir las habilidades necesarias. Ya sea que provengas de un entorno financiero, tecnológico o académico, este campo ofrece oportunidades ilimitadas para quienes desean combinar lógica, datos y tecnología en la toma de decisiones financieras.

| Microsoft Azure | Diversas configuraciones con integración de Microsoft. | Traders que prefieren servicios de Microsoft. | Variable según configuración | No asociado a brokers. |

CAPITULO 2

Fundamentos del Mercado Financiero

2.1. Funcionamiento de los mercados financieros.

Los mercados financieros son plataformas donde se intercambian activos, como acciones, bonos, divisas y derivados, con el propósito de asignar eficientemente los recursos financieros entre inversores, empresas y gobiernos. Su correcto funcionamiento es esencial para el desarrollo de la economía global.

---

1. ¿Qué son los mercados financieros?

Los mercados financieros son espacios, físicos o virtuales, en los que compradores y vendedores realizan transacciones de activos financieros. Estos mercados cumplen tres funciones principales:

Facilitar la transferencia de capital: Conectan a los ahorradores que buscan un retorno por sus inversiones con quienes necesitan financiamiento para proyectos.

Proveer liquidez: Permiten comprar y vender activos de manera rápida y eficiente.

Determinar precios: Establecen el valor de los activos en función de la oferta y la demanda.

---

2. Tipos de Mercados Financieros

Mercado de Valores:

Incluye acciones y bonos.

Es donde las empresas y gobiernos obtienen financiamiento emitiendo instrumentos financieros.

Ejemplo: Bolsa de Nueva York (NYSE), NASDAQ, Bolsa de Madrid.

Mercado de Divisas (Forex):

El mercado más grande y líquido del mundo.

En este mercado se compran y venden monedas.

Ejemplo: EUR/USD, USD/JPY.

Mercado de Derivados:

Contratos cuyo valor depende del rendimiento de un activo subyacente (acciones, divisas, índices).

Ejemplo: Futuros, opciones y swaps.

Mercado de Materias Primas:

Activos físicos como oro, petróleo, café o maíz.

Ejemplo: NYMEX, ICE.

Mercado de Dinero:

Intercambio de instrumentos de deuda a corto plazo.

Ejemplo: Letras del Tesoro, depósitos interbancarios.

---

3. Participantes en los Mercados Financieros

Inversores:

Pueden ser individuales o institucionales (fondos de inversión, bancos).

Su objetivo es obtener un retorno sobre su capital.

Emisores:

Empresas, gobiernos o entidades que buscan financiamiento.

Intermediarios Financieros:

Bancos, brokers y otras entidades que facilitan la compraventa de activos.

Reguladores:

Aseguran el funcionamiento justo y eficiente de los mercados.

Ejemplo: Comisión Nacional del Mercado de Valores (CNMV), SEC en EE.UU.

4. Cómo Funcionan las Transacciones

Oferta y Demanda:

Los precios de los activos se determinan por la interacción entre compradores y vendedores.

Un mayor interés comprador aumenta los precios, mientras que un mayor interés vendedor los reduce.

Órdenes de Mercado:

Los participantes envían órdenes para comprar o vender activos a través de intermediarios o plataformas electrónicas.

Tipos de órdenes comunes: órdenes a mercado, órdenes limitadas y órdenes stop.

Procesamiento Electrónico:

Hoy en día, la mayoría de las transacciones se realizan electrónicamente, lo que ha reducido costos y mejorado la velocidad de ejecución.

5. Regulación de los Mercados Financieros

Objetivos de la Regulación:

Proteger a los inversores.

Prevenir actividades fraudulentas.

Asegurar la estabilidad del sistema financiero.

Principales Normas:

Requisitos de transparencia.

Cumplimiento de las normativas de lucha contra el blanqueo de capitales.

Límites a la especulación.

---

6. Factores que Afectan el Funcionamiento de los Mercados

Eventos Económicos:

Inflación, tasas de interés, crecimiento del PIB.

Eventos Políticos:

Elecciones, políticas fiscales y conflictos internacionales.

Sentimiento del Mercado:

Psicología colectiva de los inversores (optimismo, miedo, pánico).

Innovación Tecnológica:

El trading algorítmico, la inteligencia artificial y el blockchain están transformando la dinámica de los mercados.

7. Importancia del Funcionamiento Eficiente

Un mercado financiero que opera eficientemente proporciona beneficios como:

Mejor asignación de recursos económicos.

Reducción de costos de transacción.

Mayor confianza de los inversores en el sistema financiero.

En resumen, los mercados financieros son el corazón de la economía global, facilitando el intercambio de recursos entre los diferentes agentes económicos. Su correcto funcionamiento depende de un delicado equilibrio entre oferta y demanda, regulación adecuada e innovación tecnológica.

2.2. Tipos de instrumentos financieros (acciones, divisas, futuros, etc.).

Los instrumentos financieros son contratos que representan un activo financiero o el derecho a intercambiar un valor entre dos partes. Pueden ser utilizados tanto para inversión como para especulación, y están diseñados para satisfacer diferentes necesidades de los participantes en los mercados financieros. A continuación, se describen los principales tipos de instrumentos financieros:

---

1. Acciones

Descripción:

Representan una fracción del capital social de una empresa.

Poseer una acción otorga derechos económicos (dividendos) y, en algunos casos, derechos políticos (voto en juntas de accionistas).

Características:

Liquidez: Altamente negociables en bolsas de valores.

Riesgo: Su valor fluctúa dependiendo del desempeño de la empresa y del mercado.

Ejemplo: Comprar acciones de Apple (AAPL) en el NASDAQ.

Uso:

Los inversores compran acciones con el objetivo de obtener ganancias por revalorización o dividendos.

2. Divisas (Forex)

Descripción:

El mercado de divisas (Forex) es donde se compran y venden monedas extranjeras.

Los pares de divisas representan el precio de una moneda en términos de otra (por ejemplo, EUR/USD).

Características:

Volatilidad: Altas fluctuaciones debido a factores macroeconómicos.

Liquidez: Es el mercado financiero más grande y líquido del mundo.

Operación 24/7: Disponible las 24 horas del día, cinco días a la semana.

Uso:

Los traders buscan beneficios especulando sobre los movimientos de tipos de cambio.

Las empresas y gobiernos utilizan este mercado para cubrir riesgos de cambio en transacciones internacionales.

---

3. Bonos

Descripción:

Son instrumentos de deuda emitidos por gobiernos, empresas o entidades supranacionales para financiarse.

El comprador del bono actúa como un prestamista que recibe intereses (cupón) periódicamente.

Características:

Riesgo: Varía dependiendo de la solvencia del emisor (bonos de alta calificación como los del Tesoro de EE.UU. tienen bajo riesgo).

Vencimiento: Tienen una fecha de vencimiento definida en la que se devuelve el capital principal.

Uso:

Inversiones a largo plazo y diversificación de carteras.

---

4. Futuros

Descripción:

Contratos financieros que obligan a comprar o vender un activo en una fecha futura a un precio pactado.

El activo subyacente puede ser una materia prima (petróleo, oro) o un índice financiero (S&P 500).

Características:

Estandarización: Negociados en mercados organizados como el CME.

Apalancamiento: Permiten controlar grandes volúmenes con una inversión inicial menor.

Riesgo: Altamente volátiles y especulativos.

Uso:

Cobertura contra riesgos de precio o especulación.

---

5. Opciones

Descripción:

Contratos que otorgan el derecho, pero no la obligación, de comprar (opción call) o vender (opción put) un activo a un precio específico antes de una fecha determinada.

Características:

Premium: El comprador paga una prima para obtener este derecho.

Flexibilidad: Ideal para estrategias complejas de trading.

Riesgo: Limitado a la prima pagada para el comprador, pero potencialmente ilimitado para el vendedor.

Uso:

Gestión de riesgos, cobertura y especulación sobre movimientos de precios.

---

6. Materias Primas (Commodities)

Descripción:

Bienes básicos como petróleo, oro, plata, trigo y café que se negocian en mercados especializados.

Características:

Alta volatilidad: Los precios están influenciados por factores macroeconómicos y eventos climáticos.

Hedge: Utilizados por productores para protegerse contra fluctuaciones de precios.

Uso:

Los traders especulan sobre precios futuros.

Las empresas usan derivados de commodities para gestionar riesgos.

7. Derivados

Descripción:

Instrumentos financieros cuyo valor depende del rendimiento de un activo subyacente.

Ejemplos: futuros, opciones, swaps.

Características:

Complejidad: Requieren un alto grado de conocimiento financiero.

Apalancamiento: Proporcionan exposición al mercado con una inversión inicial pequeña.

Uso: Cobertura de riesgos y especulación.

---

8. Fondos de Inversión

Descripción:

Vehículos de inversión colectiva donde los inversores agrupan su dinero para invertir en una cartera diversificada de activos.

Características:

Diversificación: Reducen riesgos al invertir en múltiples activos.

Gestión Profesional: Administrados por expertos en inversiones.

Tipos Comunes:

Fondos de renta fija.

Fondos de acciones.

Fondos cotizados en bolsa (ETFs).

---

9. Criptomonedas

Descripción:

Activos digitales basados en tecnología blockchain.

Ejemplo: Bitcoin, Ethereum.

Características:

Volatilidad extrema: Los precios pueden fluctuar drásticamente en periodos cortos.

Innovación: Representan una nueva clase de activo con potencial disruptivo.

Uso:

Inversión especulativa y cobertura contra inflación en algunos casos.

---

10. Otros Instrumentos

Swaps: Contratos para intercambiar flujos financieros (por ejemplo, tasas de interés).

CFDs (Contracts for Difference): Permiten especular sobre el movimiento de precios sin poseer el activo subyacente.

Certificados y Warrants: Instrumentos híbridos para especulación o cobertura.

Conclusión

Los instrumentos financieros son esenciales para el funcionamiento de los mercados, ya que permiten a los participantes acceder a diversas oportunidades de inversión, cobertura y especulación. Cada tipo de instrumento está diseñado para cubrir necesidades específicas, y su selección depende del perfil de riesgo y los objetivos de cada inversor o trader.

2.3. Principios básicos de la microestructura del mercado

La microestructura del mercado estudia cómo operan los mercados financieros a nivel operativo, enfocándose en los procesos de negociación, la formación de precios y el impacto de las decisiones de los participantes en el comportamiento de los precios. Es un campo fundamental para entender la dinámica detrás de la compra y venta de activos y cómo factores como la liquidez, los costos de transacción y la estructura del mercado afectan el rendimiento del trading.

1. Conceptos Fundamentales de la Microestructura

1.1. Liquidez

Definición: Capacidad de un mercado para permitir la compra o venta de un activo sin causar cambios significativos en su precio.

Medidas de liquidez:

Profundidad: Cantidad de órdenes en el libro de órdenes en niveles cercanos al precio actual.

Tightness: Diferencia entre el precio de compra más alto (bid) y el precio de venta más bajo (ask), conocido como **spread bid-ask**.

Resiliencia: Velocidad con la que el mercado se recupera tras grandes órdenes.

1.2. Precio Bid-Ask

Bid: Precio más alto que un comprador está dispuesto a pagar.

Ask: Precio más bajo al que un vendedor está dispuesto a vender.

Spread Bid-Ask: Diferencia entre el bid y el ask, representa un costo implícito para los traders.

1.3. Formación de Precios

Los precios se forman a través de la interacción entre oferta y demanda. Los creadores de mercado (market makers) o los participantes individuales colocan órdenes que determinan el precio transado.

1.4. Eficiencia del Mercado

Un mercado eficiente refleja toda la información disponible en los precios actuales de los activos. Sin embargo, factores como fricciones en la negociación, costos de transacción y asimetrías de información pueden afectar esta eficiencia.

---

2. Componentes Clave de la Microestructura

2.1. Libro de Órdenes (Order Book)

Un registro de las órdenes de compra y venta pendientes de ejecución organizadas por niveles de precio.

Órdenes:

Órdenes de mercado: Se ejecutan inmediatamente al mejor precio disponible.

Órdenes limitadas: Se colocan con un precio específico y se ejecutan solo si el mercado alcanza ese nivel.

2.2. Tipos de Participantes

Market Makers: Proveen liquidez al mercado colocando continuamente órdenes de compra y venta.

Traders Institucionales: Operan grandes volúmenes y pueden influir significativamente en el precio.

Traders Minoristas: Participantes individuales que suelen operar en menor escala.

2.3. Mecanismos de Negociación

Mercados electrónicos: Ejemplo: NASDAQ, donde las transacciones son automáticas y basadas en algoritmos.

Mercados de subasta: Ejemplo: NYSE, donde un subastador central facilita la negociación.

---

3. Costos de Transacción

Los costos de transacción influyen directamente en la rentabilidad de las operaciones y se dividen en dos tipos:

3.1. Costos Explícitos

Tarifas cobradas por intermediarios financieros como brokers o bolsas.

Incluyen comisiones, tarifas de intercambio y regulaciones.

3.2. Costos Implícitos

Impacto en el Mercado: Cambio en el precio causado por el tamaño de la orden.

Slippage: Diferencia entre el precio esperado de una transacción y el precio al que se ejecuta.

Costo del Spread: Diferencia entre el precio de compra (ask) y venta (bid).

---

4. Asimetría de Información

Ocurre cuando algunos participantes del mercado poseen información privilegiada o más precisa que otros.

Los traders informados pueden tomar ventaja de esta información para obtener beneficios, mientras que los no informados pueden enfrentarse a precios desfavorables.

5. Efectos de la Microestructura en el Trading

5.1. Impacto en los Traders Algorítmicos

Los algoritmos pueden aprovechar la liquidez y la formación de precios para ejecutar estrategias eficientes, pero también deben considerar factores como el slippage y los costos del spread.

5.2. Importancia para los Traders Minoristas

Comprender los conceptos de microestructura permite a los traders minoristas minimizar costos, optimizar la ejecución de órdenes y evitar pérdidas debido a la falta de liquidez.

5.3. Alta Frecuencia y Microestructura

Los traders de alta frecuencia (HFT) son especialmente sensibles a la microestructura, dado que su éxito depende de la velocidad de ejecución, la eficiencia de los libros de órdenes y la minimización de costos implícitos.

---

6. Regulación de la Microestructura

Los reguladores supervisan la microestructura para garantizar la transparencia, la igualdad de acceso a la información y la protección de los participantes minoristas frente a prácticas desleales como el front-running o la manipulación del mercado.

Conclusión

La microestructura del mercado es el núcleo de la operativa financiera. Para los traders y algoritmos, entender los principios básicos como la liquidez, la formación de precios y los costos de transacción es esencial para ejecutar operaciones de manera rentable. Más allá de ser un aspecto técnico, la microestructura influye en la manera en que los mercados financieros reflejan la economía global y facilitan el intercambio de activos.

2.4. Conceptos clave: Liquidez, Spread, Slippage

En el contexto de los mercados financieros, **liquidez**, **spread** y **slippage** son conceptos fundamentales que afectan directamente la ejecución de órdenes y el rendimiento de las operaciones de trading. Comprenderlos es esencial para cualquier participante del mercado, ya sea un trader minorista, institucional o algorítmico.

1. Liquidez

Definición:

La liquidez se refiere a la facilidad con la que un activo puede comprarse o venderse en el mercado sin causar un cambio significativo en su precio. Un mercado líquido tiene una gran cantidad de compradores y vendedores dispuestos a realizar transacciones a precios cercanos.

Características de la Liquidez:

Alta Liquidez: Activos como el EUR/USD en Forex o acciones de empresas grandes (Apple, Microsoft) tienden a ser altamente líquidos debido al gran volumen de operaciones.

Baja Liquidez: Activos como acciones de pequeñas empresas (small caps) o monedas exóticas pueden tener menor liquidez, lo que resulta en precios más volátiles.

Importancia:

Velocidad de Ejecución: En un mercado líquido, las órdenes se ejecutan rápidamente.

Impacto en el Precio: Los mercados líquidos tienen menor riesgo de que una gran orden altere significativamente el precio del activo.

Medidas de Liquidez:

Volumen de Negociación: Número de unidades del activo negociadas en un periodo de tiempo.

Profundidad del Mercado: Cantidad de órdenes en el libro de órdenes para distintos niveles de precio.

Spread Bid-Ask: Diferencia entre el precio de compra y venta más cercanos, que actúa como un indicador indirecto de liquidez.

---

2. Spread

Definición:

El spread es la diferencia entre el precio de compra más alto (bid) y el precio de venta más bajo (ask) en el mercado. Representa un costo implícito que los traders deben asumir al abrir y cerrar posiciones.

Tipos de Spread:

Fijo: Común en mercados con baja volatilidad o plataformas que garantizan spreads constantes.

Variable: Fluctúa dependiendo de la liquidez, la volatilidad y las condiciones del mercado.

Ejemplo Práctico:

Supongamos que el par EUR/USD tiene un **bid** de 1.1050 y un **ask** de 1.1052.

Spread = Ask - Bid = 0.0002 (2 pips).

Factores que Afectan el Spread:

Volatilidad del Mercado: Durante eventos económicos importantes, los spreads suelen ampliarse.

Liquidez: Activos con alta liquidez tienden a tener spreads más estrechos.

Broker: Los brokers pueden añadir comisiones adicionales al spread como parte de su modelo de negocio.

Impacto del Spread en el Trading:

Costo Inicial: Cada operación comienza con una pequeña pérdida equivalente al spread.

Estrategias de Alta Frecuencia: Los traders de alta frecuencia (HFT) son especialmente sensibles al spread, ya que operan con márgenes pequeños.

---

3. Slippage

Definición:

El slippage ocurre cuando una orden de mercado se ejecuta a un precio diferente al esperado debido a la volatilidad o la falta de liquidez en el momento de la ejecución.

Tipos de Slippage:

Positivo: La orden se ejecuta a un precio más favorable que el solicitado (poco común).

Negativo: La orden se ejecuta a un precio menos favorable que el solicitado (más común).

Causas del Slippage:

Alta Volatilidad: Durante anuncios de noticias económicas, los precios pueden moverse rápidamente.

Baja Liquidez: Si no hay suficientes órdenes en el libro de órdenes, el sistema buscará niveles de precio más lejanos.

Latencia: Retrasos en la ejecución de órdenes debido a la velocidad de conexión o a la infraestructura tecnológica.

Ejemplo Práctico:

Un trader coloca una orden para comprar EUR/USD a 1.1050.

Debido a un movimiento rápido en el mercado, la orden se ejecuta a 1.1053, generando un slippage negativo de **3 pips**.

Cómo Mitigar el Slippage:

Utilizar órdenes limitadas en lugar de órdenes de mercado.

Operar en periodos de alta liquidez y baja volatilidad.

Seleccionar brokers con ejecución rápida y confiable.

Relación entre Liquidez, Spread y Slippage

Alta Liquidez: Reduce el spread y el riesgo de slippage, ya que hay más órdenes disponibles cerca del precio actual.

Baja Liquidez: Aumenta el spread y el riesgo de slippage, ya que las órdenes deben ejecutarse a precios más lejanos.

Impacto en el Trading Algorítmico

En el trading algorítmico, estos conceptos son críticos para diseñar estrategias eficientes:

Modelos Basados en Liquidez: Los algoritmos pueden evaluar la profundidad del mercado para minimizar costos de ejecución.

Optimización de Spreads: Estrategias como el arbitraje dependen de spreads estrechos para ser rentables.

Gestión del Slippage: Los algoritmos de alta frecuencia están diseñados para ejecutar órdenes en milisegundos y reducir el impacto del slippage.

Conclusión

Liquidez, spread y slippage son conceptos clave para entender el comportamiento de los mercados financieros y los costos implícitos asociados con el trading. Una gestión adecuada de estos factores puede marcar la diferencia entre una estrategia rentable y una perdedora. Tanto los traders manuales como los algorítmicos deben incorporar estas variables en sus análisis para maximizar la eficiencia de sus operaciones.

CAPITULO 3

Estrategias de Trading Algorítmico

3.1. Clasificación de las Estrategias Algorítmicas

El trading algorítmico utiliza estrategias diseñadas para identificar y aprovechar oportunidades en los mercados financieros mediante el uso de algoritmos. Estas estrategias se basan en diferentes enfoques para generar beneficios, dependiendo de los objetivos del trader, el horizonte temporal y las condiciones del mercado. A continuación, se presentan cuatro tipos fundamentales de estrategias algorítmicas:

1. Market Making

Descripción:

El **Market Making** o creación de mercado es una estrategia que busca proporcionar liquidez al mercado colocando órdenes de compra y venta simultáneamente en torno al precio actual. Los algoritmos generan beneficios capturando el **spread bid-ask** repetidamente.

Funcionamiento:

Los algoritmos colocan órdenes limitadas de compra (bid) ligeramente por debajo del precio actual y órdenes de venta (ask) ligeramente por encima.

Cuando estas órdenes se ejecutan, el trader obtiene beneficios equivalentes al spread entre el bid y el ask.

Características:

Ventaja: Alta frecuencia de operaciones con beneficios pequeños pero constantes.

Requisito: Mercados líquidos y estables.

Riesgo: Si el precio se mueve abruptamente en una dirección, el trader puede quedarse con una posición no deseada.

Ejemplo Práctico:

Un algoritmo en el par EUR/USD coloca órdenes de compra a 1.1045 y órdenes de venta a 1.1048. Si ambas órdenes se ejecutan, el trader obtiene un beneficio de **3 pips**.

---

2. Arbitraje

Descripción:

El **Arbitraje** busca aprovechar las discrepancias de precios entre dos o más mercados o activos relacionados. Estas estrategias son altamente dependientes de la velocidad, ya que las discrepancias suelen durar milisegundos.

Tipos Comunes de Arbitraje:

Arbitraje de Precio: Detectar diferencias de precio para un mismo activo en dos mercados diferentes.

Ejemplo: Comprar acciones de Apple en NASDAQ y venderlas simultáneamente en la Bolsa de Londres si existe una diferencia de precios.

Arbitraje Estadístico: Identificar relaciones estadísticas entre activos y beneficiarse de movimientos que se desvíen de la norma.

Ejemplo: Arbitraje entre pares de acciones correlacionadas, como Coca-Cola y Pepsi.

Arbitraje de Fusión: Operar con activos de empresas en procesos de fusión o adquisición, buscando diferencias entre el precio de mercado y el precio esperado tras la fusión.

Características:

Ventaja: Riesgo relativamente bajo si se ejecuta correctamente.

Requisito: Baja latencia y acceso a múltiples mercados.

Riesgo: Errores en el análisis estadístico o retrasos en la ejecución pueden generar pérdidas.

Ejemplo Práctico:

Un algoritmo detecta que el precio del oro en el mercado de Nueva York es $1,800 por onza, mientras que en Londres es $1,802. Compra en Nueva York y vende en Londres, obteniendo un beneficio de $2 por onza.

---

3. Scalping

Descripción:

El **Scalping** es una estrategia de alta frecuencia que busca capturar pequeños movimientos de precio en cortos periodos de tiempo. Los algoritmos de scalping operan múltiples veces al día, acumulando beneficios pequeños pero frecuentes.

Funcionamiento:

El algoritmo identifica oportunidades mediante análisis técnico o señales rápidas del mercado.

Realiza múltiples operaciones que duran desde segundos hasta minutos.

Generalmente utiliza un apalancamiento alto para amplificar beneficios.

Características:

Ventaja: Aprovecha la volatilidad intradía y la alta frecuencia de oportunidades.

Requisito: Alta velocidad de ejecución y costos de transacción bajos.

Riesgo: Exposición a movimientos repentinos en contra de la posición.

Ejemplo Práctico:

Un algoritmo detecta un movimiento al alza en el S&P 500 y abre una posición de compra en 4,100, cerrándola a 4,102 segundos después, obteniendo un beneficio de 2 puntos.

---

4. Momentum Trading

Descripción:

El **Momentum Trading** explota la inercia de los movimientos de precio, operando en la dirección de la tendencia actual con la expectativa de que continuará en el corto o mediano plazo.

Funcionamiento:

Los algoritmos analizan indicadores técnicos como el **RSI (Relative Strength Index)**, **MACD (Moving Average Convergence**

Divergence) o medias móviles para identificar tendencias.

Entran al mercado cuando detectan un fuerte impulso y salen antes de que el movimiento pierda fuerza.

Características:

Ventaja: Se basa en la psicología del mercado y la tendencia a seguir patrones existentes.

Requisito: Análisis técnico preciso y ajustes rápidos a cambios en el mercado.

Riesgo: Si el mercado se revierte inesperadamente, las pérdidas pueden ser significativas.

Ejemplo Práctico:

Un algoritmo analiza el par EUR/USD y detecta que el precio ha superado una resistencia clave en 1.1100 con un aumento de volumen significativo. Abre una posición de compra esperando que el movimiento continúe, y cierra la operación en 1.1115 para capturar 15 pips.

Comparación de las Estrategias

Estrategia	Horizonte Temporal	Ventaja Clave	Riesgo Principal	Ejemplo de Uso
Market Making	Muy corto plazo	Captura el spread bid-ask	Movimientos repentinos del mercado	Trading algorítmico HFT
Arbitraje	Corto plazo	Baja exposición al riesgo	Latencia o errores en datos	Diferencias entre mercados
Scalping	Muy corto plazo	Alta frecuencia de beneficios	Costos de transacción acumulativos	Intradía
Momentum Trading	Corto mediano plazo	Sigue a tendencias del mercado	Reversiones rápidas en tendencias	Swing trading

Conclusión

Las estrategias algorítmicas como el **Market Making**, **Arbitraje**, **Scalping** y **Momentum Trading** ofrecen enfoques variados para participar en los mercados financieros. Cada una tiene ventajas y riesgos asociados, lo que las hace más adecuadas para ciertos perfiles de traders y condiciones del mercado. La selección de una estrategia dependerá de los objetivos del trader, el horizonte temporal y las capacidades tecnológicas disponibles.

Mean Reversion

Descripción:

La estrategia de **Mean Reversion** (Reversión a la Media) se basa en el principio de que los precios de los activos tienden a volver a su promedio histórico tras desviaciones significativas. Los algoritmos identifican estas desviaciones como oportunidades para entrar en posiciones de compra o venta, esperando que el precio regrese a la media.

Funcionamiento:

Se utiliza un indicador de media móvil (simple o exponencial) como referencia del promedio del precio.

Los algoritmos buscan activos que estén sobrecomprados o sobrevendidos en relación con su media.

Las entradas se realizan cuando el precio se desvía significativamente (por ejemplo, más allá de las Bandas de Bollinger) y las salidas ocurren cuando el precio vuelve a la media.

Características:

Ventaja: Funciona bien en mercados laterales o rangos consolidados.

Riesgo: En tendencias fuertes, el precio puede seguir alejándose de la media, generando pérdidas.

Ejemplo Práctico:

El precio de una acción cotiza 5% por encima de su media móvil de 20 periodos. El algoritmo abre una posición corta anticipando que el precio caerá hacia la media, y cierra la posición cuando el precio la toca.

3.2. Estrategias basadas en indicadores técnicos

Descripción:

Estas estrategias utilizan herramientas matemáticas aplicadas a los precios históricos y volúmenes para predecir movimientos futuros en el mercado. Los algoritmos analizan estos indicadores para identificar señales de entrada y salida.

Indicadores Comunes:

Medias Móviles:

Cruce de medias móviles (corta y larga) para determinar tendencias.

Ejemplo: Comprar cuando la media de 10 cruza por encima de la media de 50.

Descripción: Se basa en identificar tendencias mediante medias móviles (simples o exponenciales). Una compra ocurre cuando el precio cruza por encima de la media móvil y una venta cuando cruza por debajo.

Riesgos: Puede generar señales falsas en mercados laterales.

Posibilidades de Éxito: Altas en mercados tendenciales.

Recursos: Datos históricos de precios, herramientas de backtesting, capacidad de ajustar parámetros como periodos de medias.

Plataforma/Lenguaje: MetaTrader 5 (MQL5).

Detalles Técnicos:

Indicadores: Media móvil simple (SMA) o exponencial (EMA).

Condiciones:

Compra: Precio cruza por encima de la media móvil.

Venta: Precio cruza por debajo de la media móvil.

Plataforma: MetaTrader 5.

Lenguaje: MQL5.

Código Ejemplo:

mql5

Copiar código

```
if (Close[1] > iMA(NULL, 0, 20, 0, MODE_SMA, PRICE_CLOSE, 0)) {
    // Compra
    SendOrder(OP_BUY, 0.1);
} else if (Close[1] < iMA(NULL, 0, 20, 0, MODE_SMA, PRICE_CLOSE, 0)) {
    // Venta
    SendOrder(OP_SELL, 0.1);
}
```

RSI (Índice de Fuerza Relativa):

Identifica niveles de sobrecompra (>70) y sobreventa (<30).

MACD (Convergencia/Divergencia de Medias Móviles):

Señales de compra/venta basadas en cruces de líneas y divergencias.

Bandas de Bollinger:

Usadas para identificar niveles de volatilidad; entradas cerca de las bandas exteriores y salidas cerca de la línea media.

Descripción: Opera según la posición del precio respecto a las bandas superior e inferior de Bollinger, buscando reversiones.

Riesgos: Falsas señales en mercados altamente volátiles.

Posibilidades de Éxito: Alta en mercados con rangos definidos.

Recursos: Indicadores técnicos de volatilidad.

Plataforma/Lenguaje: MetaTrader 5 (MQL5).

Detalles Técnicos:

Indicadores: Bandas de Bollinger.

Condiciones:

Compra: Precio toca banda inferior.

Venta: Precio toca banda superior.

Plataforma: MetaTrader 5.

Código Ejemplo:

mql5

Copiar código

```
double upperBand, lowerBand;
iBands(NULL, 0, 20, 2, 0, PRICE_CLOSE, upperBand, lowerBand);
if (Close[1] < lowerBand) {
SendOrder(OP_BUY, 0.1);
} else if (Close[1] > upperBand) {
SendOrder(OP_SELL, 0.1);
}
```

Ventajas:

Ofrecen reglas objetivas y replicables.

Fáciles de combinar con otros indicadores.

Riesgos:

Pueden generar señales falsas en mercados volátiles o sin dirección clara.

Ejemplo Práctico:

Un algoritmo analiza el RSI en un índice como el S&P 500. Cuando el RSI cae por debajo de 30, abre una posición de compra anticipando un rebote técnico.

5. Trading con Ondas de Elliott

Descripción: Usa patrones de ondas de Elliott para identificar ciclos de mercado y predicciones futuras.

Riesgos: Interpretación subjetiva de las ondas.

Posibilidades de Éxito: Depende de la experiencia del operador.

Recursos: Herramientas de análisis técnico y formación en ondas de Elliott.

Plataforma/Lenguaje: TradingView (Pine Script).

Detalles Técnicos:

Herramientas: Detección manual o software especializado.

Plataforma: TradingView.

Lenguaje: Pine Script.

6. Estrategias de Criptoarbitraje

Descripción: Compra criptomonedas en una plataforma donde están más baratas y véndelas en otra donde están más caras.

Riesgos: Riesgo de deslizamiento de precios y tiempos de transferencia.

Posibilidades de Éxito: Alta en mercados fragmentados.

Recursos: API de intercambio de criptomonedas.

Plataforma/Lenguaje: Python con bibliotecas de conexión API.

Detalles Técnicos:

Requisitos: APIs de exchanges, capital inicial.

Condiciones:

Detectar diferencia de precios entre exchanges.

Código Ejemplo:

python

Copiar código

```
price_binance = get_price('BTC', 'Binance')
price_coinbase = get_price('BTC', 'Coinbase')

if price_binance < price_coinbase:
    buy('BTC', 'Binance')
    sell('BTC', 'Coinbase')
```

3.3. Estrategias basadas en eventos (noticias, reportes de ganancias)

Descripción:

Estas estrategias explotan movimientos de precios provocados por eventos fundamentales, como anuncios de ganancias corporativas, cambios en tasas de interés, o datos macroeconómicos.

Funcionamiento:

Los algoritmos rastrean fuentes de noticias en tiempo real o calendarios económicos.

Analizan el impacto histórico de eventos similares para predecir la reacción del mercado.

Las posiciones se abren y cierran rápidamente tras el evento para aprovechar la volatilidad.

Tipos Comunes de Eventos:

Reportes de Ganancias:

Operaciones basadas en sorpresas positivas o negativas en resultados trimestrales.

Política Monetaria:

Movimientos en divisas y bonos tras decisiones de bancos centrales.

Datos Macroeconómicos:

Inflación, empleo o PIB que afectan índices bursátiles o divisas.

Ventajas:

Alto potencial de beneficio en cortos periodos.

Basadas en eventos específicos y cuantificables.

Riesgos:

Alta volatilidad puede causar slippage significativo.

Difícil prever reacciones del mercado, ya que a veces las noticias están "descontadas".

Ejemplo Práctico:

Un algoritmo detecta que una empresa ha superado sus expectativas de ganancias en un 20%. Inmediatamente abre una posición de compra en la acción, manteniéndola durante unas horas para aprovechar el impulso.

3.4. Estrategias de Alta Frecuencia (HFT)

Descripción:

El **High-Frequency Trading** (HFT) utiliza algoritmos para realizar un gran número de operaciones en milisegundos. Estas estrategias se centran en aprovechar diferencias mínimas de precio o desequilibrios temporales en el mercado.

Tipos de Estrategias HFT:

Arbitraje:

Detectar y explotar discrepancias de precios entre diferentes mercados o activos.

Market Making:

Proveer liquidez capturando el spread bid-ask.

Momentum Intradía:

Detectar movimientos rápidos en el mercado y subirse a la tendencia por un breve periodo.

Características:

Velocidad: Los algoritmos de HFT operan en microsegundos.

Volumen: Realizan miles de operaciones diarias, acumulando pequeños beneficios.

Infraestructura: Requieren servidores de baja latencia y proximidad a las bolsas.

Ventajas:

Generan beneficios consistentes aprovechando ineficiencias en el mercado.

No están expuestos a riesgos prolongados debido a su enfoque ultracorto.

Riesgos:

Competencia intensa con otros algoritmos HFT.

Dependencia de tecnología avanzada y costosa.

Regulaciones más estrictas en varios países.

Ejemplo Práctico:

Un algoritmo detecta que el precio de una acción en el mercado de Nueva York está desalineado con el mismo ETF en Londres por unos microsegundos. Ejecuta una compra en Nueva York y una venta en Londres, cerrando ambas posiciones con una ganancia instantánea.

3.5. Estrategias Basadas en Machine Learning

Descripción: Usa modelos predictivos entrenados con datos históricos para anticipar movimientos de precios.

Riesgos: Sobreajuste a los datos históricos.

Posibilidades de Éxito: Elevadas si los datos son suficientes y relevantes.

Recursos: Conocimientos en machine learning, herramientas de modelado como TensorFlow o PyTorch.

Plataforma/Lenguaje: Python.

Detalles Técnicos:

Herramientas: Scikit-learn, TensorFlow.

Datos: Históricos de precios, volumen, etc.

Condiciones:

Entrenar modelo con datos pasados.

Predecir movimientos futuros.

Código Ejemplo:

python

Copiar código

```
from sklearn.ensemble import RandomForestClassifier
model = RandomForestClassifier()

X_train = data[['Open', 'High', 'Low', 'Close']].values
y_train = data['Target'].values
model.fit(X_train, y_train)
prediction = model.predict(new_data)
```

Conclusión

Estas estrategias algorítmicas – Mean Reversion, basadas en indicadores técnicos, eventos y HFT – ofrecen enfoques variados para operar en los mercados financieros. Cada estrategia tiene sus propias ventajas, requisitos y riesgos, y su selección depende de factores como el horizonte temporal, el perfil de riesgo y los recursos tecnológicos del trader.

CAPITULO 4

Diseño y Desarrollo de Algoritmos

4.1. Componentes de un sistema algorítmico: Entrada, gestión de riesgos y salida.

4.1. Componentes de un sistema algorítmico: Entrada, Gestión de Riesgos y Salida

Un sistema algorítmico de trading eficiente se construye sobre tres pilares fundamentales: **entrada**, **gestión de riesgos** y **salida**. Cada uno de estos componentes desempeña un papel esencial en la ejecución y el rendimiento de las operaciones. A continuación, se detalla cómo se diseñan e implementan estos elementos:

---

1. Entrada

La entrada determina cuándo y bajo qué condiciones el algoritmo abre una posición en el mercado. Este componente se basa en criterios predefinidos que pueden ser técnicos, fundamentales, estadísticos o una combinación de estos.

Elementos clave de la entrada:

Criterios de Entrada:

Definir reglas específicas para iniciar una operación.

Ejemplo: Abrir una posición de compra cuando el precio cruce por encima de la media móvil de 50 periodos.

Fuentes de Señales:

Indicadores Técnicos: RSI, MACD, Bandas de Bollinger, medias móviles.

Eventos Fundamentales: Noticias económicas, reportes de ganancias.

Modelos Estadísticos: Análisis de patrones históricos.

Filtros:

Reglas adicionales para evitar señales falsas.

Ejemplo: Solo operar durante sesiones con alta liquidez, como la apertura del mercado de Nueva York.

Errores comunes:

Definir criterios de entrada demasiado amplios, lo que puede generar señales falsas.

Ignorar el contexto del mercado, como la volatilidad o las condiciones macroeconómicas.

Ejemplo Práctico:

Un sistema de trading algorítmico podría tener esta regla:

Condición: Abrir una posición de compra si el RSI está por debajo de 30 (sobreventa) y el precio cruza por encima de la media móvil de 20 periodos.

Acción: Enviar una orden de compra con un tamaño de lote definido.

---

2. Gestión de Riesgos

La gestión de riesgos es el componente más crítico del sistema, diseñado para limitar pérdidas, proteger capital y garantizar la sostenibilidad del sistema a largo plazo.

Elementos clave de la gestión de riesgos:

Tamaño de la Posición (Position Sizing):

Determinar cuánto capital se asignará a cada operación.

Ejemplo: Usar el 1% del capital total por operación, lo que limita la exposición en caso de pérdida.

Stop Loss:

Nivel predefinido en el que la posición se cerrará automáticamente si el precio se mueve en contra.

Ejemplo: Colocar un Stop Loss a 20 pips del precio de entrada en Forex.

Take Profit:

Nivel en el que el sistema cerrará automáticamente una posición para asegurar ganancias.

Ejemplo: Salir de una operación cuando se obtenga un beneficio de 30 pips.

Relación Riesgo-Beneficio (R:B):

Relación entre el riesgo asumido y el beneficio esperado.

Ejemplo: Un sistema con una R:B de 1:2 arriesga 1 unidad monetaria para ganar 2.

Máximo de Pérdidas Diarias:

Límite de pérdidas permitido por día o semana para evitar operar en condiciones adversas.

Ejemplo: Detener el sistema si pierde el 5% del capital en un día.

Diversificación:

Evitar concentrar operaciones en un solo activo o mercado.

Ejemplo: Operar en varios pares de divisas o instrumentos financieros.

Errores comunes:

No definir un Stop Loss, lo que puede resultar en pérdidas significativas.

Usar tamaños de posición inconsistentes o sobreapalancarse.

Ejemplo Práctico:

Un sistema puede asignar un tamaño de lote basado en el capital y la volatilidad:

Cálculo del Tamaño de la Posición: Capital = $10,000, riesgo por operación = 1%, Stop Loss = 50 pips. El tamaño del lote será ajustado para no exceder una pérdida de $100.

---

3. Salida

La salida define cuándo y cómo el sistema cierra una posición. Una estrategia de salida adecuada puede maximizar las ganancias y limitar las pérdidas, incluso si la entrada no fue perfecta.

Elementos clave de la salida:

Reglas de Salida:

Cerrar posiciones basándose en criterios técnicos, como cruces de indicadores o niveles de soporte/resistencia.

Ejemplo: Salir si el precio cruza por debajo de la media móvil de 20 periodos.

Trailing Stop:

Un Stop Loss dinámico que se mueve a favor de la posición a medida que el precio avanza.

Ejemplo: Colocar un trailing stop que siga al precio a una distancia de 20 pips.

Salida Basada en Tiempo:

Cerrar posiciones después de un periodo de tiempo específico.

Ejemplo: Salir al final de la sesión de mercado.

Cierre por Condiciones de Mercado:

Cerrar todas las posiciones si la volatilidad aumenta drásticamente o si se anuncian eventos inesperados.

Errores comunes:

No usar un plan de salida definido, lo que puede llevar a mantener posiciones perdedoras demasiado tiempo.

Salir prematuramente, limitando el potencial de ganancias.

Ejemplo Práctico:

Un sistema con trailing stop puede ajustar automáticamente el nivel de salida:

Regla: Si el precio se mueve 50 pips a favor, el Stop Loss se ajusta para asegurar 30 pips de beneficio.

Flujo General de un Sistema Algorítmico

Entrada: El algoritmo identifica una señal basada en criterios predefinidos.

Ejecución: Coloca una orden con el tamaño de posición calculado.

Gestión de Riesgos: Aplica Stop Loss y Take Profit según las reglas.

Salida: Cierra la posición según la estrategia de salida (cruces, trailing stop o tiempo).

Conclusión

Un sistema algorítmico exitoso combina una entrada precisa, una gestión de riesgos sólida y estrategias de salida eficientes. Estos componentes trabajan juntos para maximizar las ganancias y minimizar las pérdidas, asegurando la sostenibilidad del sistema en diferentes condiciones de mercado.

4.2. Lenguajes de programación populares en trading algorítmico:

El trading algorítmico requiere lenguajes de programación que sean capaces de procesar datos financieros, implementar estrategias complejas y ejecutar órdenes en tiempo real. Algunos lenguajes se destacan por su flexibilidad, velocidad, o integración con plataformas de trading. A continuación, se analizan los lenguajes más populares utilizados en el trading algorítmico:

1. Python

Descripción:

Python es uno de los lenguajes más utilizados en trading algorítmico debido a su simplicidad, versatilidad y amplia variedad de bibliotecas especializadas.

Ventajas:

Fácil de aprender: Ideal para principiantes gracias a su sintaxis intuitiva.

Bibliotecas Financieras:

Pandas: Para análisis de datos.

NumPy: Para cálculos numéricos.

Matplotlib/Plotly: Para visualización de datos.

Backtrader: Para backtesting de estrategias.

Integración: Compatible con APIs de plataformas de trading como Interactive Brokers, Alpaca y Binance.

Machine Learning y IA: Compatible con bibliotecas avanzadas como TensorFlow, Keras y Scikit-learn.

Desventajas:

Más lento que lenguajes como C++ para tareas de alta frecuencia.

No está diseñado específicamente para entornos de trading en tiempo real.

Ejemplo de Uso:

Crear un sistema básico de cruce de medias móviles:

```python
import pandas as pd
import numpy as np

# Cargar datos históricos
data = pd.read_csv("datos_historicos.csv")

# Calcular medias móviles
data['MA50'] = data['Close'].rolling(window=50).mean()
data['MA200'] = data['Close'].rolling(window=200).mean()

# Señal de compra/venta
data['Signal'] = np.where(data['MA50'] > data['MA200'], 1, -1)

print(data[['Close', 'MA50', 'MA200', 'Signal']])
```

---

2. MQL4/MQL5
Descripción:

MQL4 y MQL5 son lenguajes específicos para la plataforma MetaTrader, ampliamente utilizados en Forex y CFD. Están diseñados para programar **Expert Advisors (EA)**, indicadores personalizados y scripts.

Ventajas:

Integración Directa: Diseñados exclusivamente para MetaTrader, lo que facilita la ejecución de estrategias directamente en la plataforma.

Optimización y Backtesting: Herramientas integradas para pruebas y ajustes de estrategias.

Automatización Completa: Permite abrir, cerrar y gestionar posiciones sin intervención manual.

Compatibilidad: MQL4 se utiliza en MetaTrader 4 y MQL5 en MetaTrader 5, siendo este último más potente y versátil.

Desventajas:

Lenguajes especializados, no aplicables fuera del ecosistema MetaTrader.

Requieren conocimiento de estructuras específicas de MetaTrader.

Ejemplo de Uso:

Un EA básico para abrir una posición de compra cuando el precio cruza la media móvil de 50 periodos:

```
input int MA_Period = 50; // Periodo de la media móvil

double ma_value;

// Función principal del EA
void OnTick()
{
   ma_value = iMA(NULL, 0, MA_Period, 0, MODE_SMA, PRICE_CLOSE, 0);

   if (Close[0] > ma_value) {
      if (PositionsTotal() == 0) {
         // Abrir posición de compra
         trade.Buy(0.1, Symbol());
      }
   }
}
```

3. R

Descripción:

R es un lenguaje diseñado para análisis estadístico y minería de datos. Es utilizado principalmente para desarrollar modelos predictivos y analizar grandes conjuntos de datos financieros.

Ventajas:

Análisis Avanzado: Ideal para modelar datos financieros y realizar simulaciones.

Visualización: Librerías como **ggplot2** y **Shiny** para crear gráficos y dashboards interactivos.

Extensibilidad: Librerías como **quantmod** y **TTR** para análisis técnico.

Desventajas:

No está optimizado para ejecución en tiempo real.

Menos intuitivo que Python para principiantes.

Ejemplo de Uso:

Calcular indicadores técnicos básicos:

library(quantmod)

Descargar datos

```
getSymbols("AAPL", src = "yahoo", from = "2022-01-01", to = "2022-12-31")

# Calcular medias móviles
AAPL$MA50 <- SMA(Cl(AAPL), n = 50)
AAPL$MA200 <- SMA(Cl(AAPL), n = 200)

# Graficar
chartSeries(AAPL, TA = "addSMA(50, col='red'); addSMA(200, col='blue')")
```

4. C++

Descripción:

C++ es un lenguaje de alto rendimiento utilizado principalmente en estrategias de **alta frecuencia (HFT)** y sistemas de trading institucionales que requieren velocidad y precisión.

Ventajas:

Velocidad: Ideal para tareas que demandan baja latencia y alta frecuencia.

Control Total: Permite manejar memoria y recursos del sistema, optimizando el rendimiento.

Fiabilidad: Amplio uso en sistemas financieros críticos como market making y arbitraje.

Desventajas:

Curva de aprendizaje pronunciada.

Menos bibliotecas financieras listas para usar comparado con Python.

Ejemplo de Uso:

Fragmento básico para calcular una media móvil:

#include <iostream>

#include <vector>

```cpp
#include <numeric>

double calculateSMA(const std::vector<double>& prices, int period) {
    if (prices.size() < period) return -1; // No hay suficientes datos
    return std::accumulate(prices.end() - period, prices.end(), 0.0) / period;
}

int main() {
    std::vector<double> prices = {1.1, 1.2, 1.3, 1.4, 1.5}; // Ejemplo de precios
    int period = 3;
    std::cout << "SMA: " << calculateSMA(prices, period) << std::endl;
    return 0;
}
```

Comparativa

Lenguaje	Facilidad de Uso	Velocidad	Uso Común	Ideal Para

Lenguaje	Facilidad de Uso	Velocidad	Uso Común	Ideal Para
Python	Alta	Media	Análisis, backtesting, IA	Traders minoristas e investigadores
MQL4/5	Media	Alta	MetaTrader	Traders de Forex y CFD
R	Media	Baja	Modelado estadístico, simulaciones	Analistas y académicos
C++	Baja	Muy alta	Sistemas de alta frecuencia (HFT)	Instituciones financieras

Conclusión

El lenguaje ideal para trading algorítmico depende del objetivo del trader y los recursos tecnológicos disponibles. Python es ideal para investigación y pruebas, MQL4/5 para integrar estrategias directamente en MetaTrader, R para análisis avanzado de datos y C++ para sistemas de alta frecuencia donde la velocidad es crucial.

4.3. Introducción a APIs de trading y plataformas (MetaTrader, Interactive Brokers).

Las APIs de trading y las plataformas de negociación son herramientas fundamentales en el trading algorítmico, ya que permiten a los traders automatizar estrategias, analizar datos y ejecutar órdenes directamente en los mercados financieros. A continuación, se presenta una introducción a dos de las plataformas más populares y sus respectivas APIs: MetaTrader e Interactive Brokers.

1. ¿Qué es una API de Trading?

Una API (Application Programming Interface) de trading es un conjunto de herramientas y protocolos que permiten a los desarrolladores interactuar con plataformas de negociación. Estas APIs facilitan:

Acceso a datos del mercado: Precios en tiempo real, datos históricos, y profundidad del mercado.

Ejecución de órdenes: Envío, modificación y cancelación de órdenes.

Gestión de cuentas: Consultar saldos, márgenes y posiciones abiertas.

Automatización: Integrar estrategias de trading algorítmico con el sistema de la plataforma.

---

2. MetaTrader (MQL4/MQL5)

MetaTrader es una de las plataformas más populares en el mercado de divisas (Forex) y contratos por diferencia (CFD). Ofrece una API integrada en forma de su propio lenguaje de programación: MQL4 (MetaTrader 4) y MQL5 (MetaTrader 5).

Características de la API de MetaTrader:

Lenguaje Integrado (MQL4/MQL5):

Diseñado específicamente para programar estrategias (Expert Advisors), indicadores personalizados y scripts.

Ofrece herramientas para análisis técnico, gestión de riesgos y ejecución de órdenes.

Backtesting y Optimización:

MetaTrader incluye un simulador para probar estrategias en datos históricos y ajustar parámetros.

Ejecución Automática de Estrategias:

Los algoritmos se ejecutan directamente en la plataforma sin necesidad de integración con sistemas externos.

Acceso a Datos de Mercado:

Datos en tiempo real, cotizaciones históricas, y herramientas de análisis.

Ejemplo de Uso en MQL5:

Abrir una orden de compra en MetaTrader 5:

```
#include <Trade/Trade.mqh>

input double LotSize = 0.1;
```

```
CTrade trade;

void OnTick()
{
   double ma = iMA(NULL, 0, 20, 0, MODE_SMA, PRICE_CLOSE, 0); // Media móvil de 20 periodos

   if (Close[0] > ma && PositionsTotal() == 0)
   {
      trade.Buy(LotSize, Symbol());
   }
}
```

Ventajas de MetaTrader:

Fácil de usar: Ideal para traders que comienzan en el trading algorítmico.

Soporte global: Amplia base de usuarios y brokers compatibles.

Backtesting: Integrado directamente en la plataforma.

Desventajas:

Limitado a brokers que soportan MetaTrader.

Menos flexible que APIs genéricas como Python para estrategias avanzadas.

3. Interactive Brokers (IBKR)

Interactive Brokers es una plataforma que permite operar una amplia gama de activos, incluidos acciones, opciones, futuros, divisas y más. Su API es conocida como IBKR API y ofrece soporte para varios lenguajes de programación.

Características de la API de Interactive Brokers:

Soporte Multilenguaje:

Compatible con Python, Java, C++, y R.

Permite a los desarrolladores elegir el lenguaje que mejor se adapte a sus necesidades.

Cobertura Global:

Acceso a más de 135 mercados en todo el mundo.

Flexibilidad:

Posibilidad de personalizar completamente estrategias de trading.

Acceso a datos de mercado avanzados, profundidad de mercado y análisis en tiempo real.

Paper Trading:

Cuentas de simulación para probar estrategias sin riesgo.

Ejemplo de Uso en Python con IBKR API:

Obtener datos de mercado y colocar una orden de compra:

```python
from ib_insync import *

# Conexión con la API
ib = IB()
ib.connect('127.0.0.1', 7497, clientId=1)

# Solicitar datos del mercado
contract = Stock('AAPL', 'SMART', 'USD')
ib.qualifyContracts(contract)
data = ib.reqMktData(contract)

# Colocar una orden de compra
order = MarketOrder('BUY', 10)  # Comprar 10 acciones
trade = ib.placeOrder(contract, order)

# Cerrar la conexión
ib.disconnect()
```

Ventajas de Interactive Brokers:

Versatilidad: Admite múltiples activos y lenguajes de programación.

Acceso Institucional: Ideal para traders avanzados y grandes volúmenes.

Paper Trading: Excelente para probar estrategias sin riesgos.

Desventajas:

Curva de aprendizaje más pronunciada para principiantes.

Dependencia de servidores externos, lo que puede introducir latencia.

Comparativa entre MetaTrader e Interactive Brokers

Característica	MetaTrader	Interactive Brokers
Activos Operables	Forex, CFD	Acciones, opciones, futuros, divisas, bonos
Lenguaje de Programación	MQL4/MQL5	Python, Java, C++, R
Plataforma	Sí	No (requiere

Característica	MetaTrader	Interactive Brokers
Integrada		integración)
Backtesting	Sí, integrado	Necesita implementación
Facilidad de Uso	Alta (para Forex/CFD)	Moderada (para múltiples mercados)
Flexibilidad	Limitada al ecosistema MT	Alta (soporta estrategias complejas)

Conclusión

Las APIs de MetaTrader e Interactive Brokers representan dos enfoques distintos en el trading algorítmico. MetaTrader es ideal para traders minoristas centrados en Forex y CFD, mientras que Interactive Brokers ofrece una solución robusta para estrategias diversificadas y multiactivos en un entorno profesional. La elección depende de las necesidades del trader y el alcance de sus estrategias.

4.4. Ejemplo práctico: Escribir un algoritmo básico de trading

A continuación, se describe cómo crear un algoritmo básico de trading que implemente una estrategia sencilla de **cruce de medias móviles**. Este ejemplo ilustrará los pasos esenciales para desarrollar un sistema automatizado de trading, desde la definición de la estrategia hasta la ejecución de órdenes.

Estrategia Elegida: Cruce de Medias Móviles

La estrategia de cruce de medias móviles se basa en comparar dos medias móviles:

Media móvil rápida (MA rápida): Calculada con un periodo corto, como 10.

Media móvil lenta (MA lenta): Calculada con un periodo más largo, como 50.

Reglas:

Compra (Buy): Cuando la MA rápida cruza por encima de la MA lenta.

Venta (Sell): Cuando la MA rápida cruza por debajo de la MA lenta.

Todas las posiciones se cierran si la señal se revierte.

Plataforma y Lenguaje: MetaTrader 5 (MQL5)

Estructura del Código

El código incluye los siguientes componentes:

Inicialización de variables y configuración de los parámetros de la estrategia.

Cálculo de las medias móviles.

Implementación de las reglas de entrada y salida.

Ejecución de órdenes en función de las señales generadas.

Código MQL5: Cruce de Medias Móviles

```
// Importar la librería para operaciones comerciales
#include <Trade\Trade.mqh>


// Crear un objeto para la ejecución de operaciones
CTrade trade;


// Parámetros del EA
```

```
input int Fast_MA_Period = 10;    // Periodo de la media rápida
input int Slow_MA_Period = 50;    // Periodo de la media lenta
input double LotSize = 0.1;       // Tamaño del lote
input double StopLoss = 20;       // Stop Loss en puntos
input double TakeProfit = 50;     // Take Profit en puntos

// Variables globales
double Fast_MA, Slow_MA;

// Función principal: ejecutada en cada tick
void OnTick()
{
   // Calcular las medias móviles
   Fast_MA = iMA(NULL, 0, Fast_MA_Period, 0, MODE_SMA, PRICE_CLOSE, 0);
   Slow_MA = iMA(NULL, 0, Slow_MA_Period, 0, MODE_SMA, PRICE_CLOSE, 0);
```

```
// Regla de compra
if    (Fast_MA   >   Slow_MA   &&
PositionsTotal() == 0) {
    trade.Buy(LotSize, NULL, Ask, StopLoss, TakeProfit);
}


// Regla de venta
if    (Fast_MA   <   Slow_MA   &&
PositionsTotal() == 0) {
    trade.Sell(LotSize, NULL, Bid, StopLoss, TakeProfit);
}
}
```

Explicación del Código

Importar Librerías:

La librería Trade.mqh permite gestionar operaciones como apertura y cierre de posiciones.

Definir Parámetros:

Fast_MA_Period y **Slow_MA_Period** establecen los periodos de las medias móviles.

LotSize: Tamaño de la posición en lotes.

StopLoss y TakeProfit: Niveles de cierre automático para limitar pérdidas y asegurar ganancias.

Calcular Medias Móviles:

La función iMA calcula la media móvil simple basada en el precio de cierre.

Reglas de Compra/Venta:

Si la **MA rápida** cruza por encima de la **MA lenta** y no hay posiciones abiertas, el algoritmo abre una posición de compra.

Si la **MA rápida** cruza por debajo de la **MA lenta**, se abre una posición de venta.

Ejecución y Pruebas

Pasos para Ejecutar el EA:

Abrir MetaTrader 5.

Crear un nuevo script o Expert Advisor usando el **MetaEditor**.

Copiar y pegar el código anterior.

Guardar y compilar el código.

Aplicar el EA a un gráfico de cualquier par de divisas (por ejemplo, EUR/USD).

Backtesting:

Usar el simulador de estrategias integrado en MetaTrader para probar el EA con datos históricos.

Ajustar parámetros como los periodos de las medias móviles, el tamaño de lote o los niveles de Stop Loss y Take Profit para optimizar el rendimiento.

Ejemplo Alternativo: Python con la API de Interactive Brokers

Si prefieres un enfoque más general, aquí tienes un ejemplo en Python que implementa la misma estrategia de cruce de medias móviles utilizando la API de Interactive Brokers.

```
from ib_insync import *

# Conectar a Interactive Brokers
ib = IB()
ib.connect('127.0.0.1', 7497, clientId=1)

# Configurar el contrato (por ejemplo, AAPL)
contract = Stock('AAPL', 'SMART', 'USD')
ib.qualifyContracts(contract)
```

```python
# Descargar datos históricos
data = ib.reqHistoricalData(contract, endDateTime='', durationStr='1 D',
        barSizeSetting='1 min', whatToShow='MIDPOINT', useRTH=True)

# Calcular medias móviles
data['MA10'] = data['close'].rolling(window=10).mean()
data['MA50'] = data['close'].rolling(window=50).mean()

# Implementar reglas de cruce
if data['MA10'].iloc[-1] > data['MA50'].iloc[-1]:
    order = MarketOrder('BUY', 10)  # Comprar 10 acciones
    ib.placeOrder(contract, order)
elif data['MA10'].iloc[-1] < data['MA50'].iloc[-1]:
    order = MarketOrder('SELL', 10)  # Vender 10 acciones
    ib.placeOrder(contract, order)
```

ib.disconnect()

Conclusión

Este ejemplo básico muestra cómo implementar un algoritmo sencillo de trading utilizando MetaTrader 5 y MQL5 o Python con Interactive Brokers. Ambos enfoques ilustran los elementos clave de un sistema algorítmico: **identificación de señales, ejecución de órdenes y gestión de riesgos**. A partir de este modelo, se pueden agregar funcionalidades más avanzadas como trailing stops, múltiples indicadores y optimización automática.

CAPITULO 5

5. Análisis de Datos y Machine Learning en Trading

El análisis de datos y el aprendizaje automático están transformando el trading al proporcionar herramientas avanzadas para analizar grandes volúmenes de información y construir estrategias adaptativas. Este capítulo explora cómo los datos históricos y las técnicas de machine learning se utilizan para desarrollar modelos predictivos y optimizar operaciones en los mercados financieros.

5.1. Uso de Datos Históricos para Construir Estrategias

Importancia de los Datos Históricos:

Los datos históricos son la base para construir y probar estrategias de trading. Analizar patrones pasados permite identificar relaciones y tendencias que pueden ser explotadas en el futuro.

Pasos en el Análisis de Datos Históricos:

Recolección:

Obtener datos de precios, volúmenes, indicadores y eventos históricos desde plataformas como MetaTrader, Yahoo Finance o Bloomberg.

Limpieza:

Corregir datos faltantes o inconsistentes y ajustar precios por dividendos o splits.

Exploración:

Identificar patrones, correlaciones y anomalías mediante gráficos y estadísticas descriptivas.

Construcción de Estrategias:

Crear reglas basadas en patrones observados, como el cruce de medias móviles o indicadores de sobrecompra/sobreventa.

Ejemplo Práctico:

Usar Python para calcular medias móviles en datos históricos:

```
import pandas as pd
import yfinance as yf

# Descargar datos históricos
data = yf.download('AAPL', start='2022-01-01', end='2023-01-01')

# Calcular medias móviles
```

```
data['MA50'] = data['Close'].rolling(window=50).mean()
data['MA200'] = data['Close'].rolling(window=200).mean()

# Identificar señales
data['Signal'] = data['MA50'] > data['MA200']
print(data.tail())
```

5.2. Introducción al Machine Learning para el Trading

El machine learning permite construir modelos capaces de identificar patrones complejos en los datos y adaptarse dinámicamente a las condiciones del mercado.

¿Por qué usar Machine Learning en el Trading?

Predicción: Mejorar la precisión en la estimación de precios y tendencias.

Adaptación: Ajustar estrategias en tiempo real basándose en datos nuevos.

Automatización: Crear sistemas de decisión autónomos.

Tipos de Machine Learning:

Supervisado:

El modelo se entrena con datos etiquetados para predecir valores futuros.

Ejemplo: Predecir el precio de cierre de una acción con base en datos históricos.

No Supervisado:

Identificar patrones ocultos en datos no etiquetados.

Ejemplo: Agrupar activos con comportamientos similares.

Aprendizaje por Refuerzo:

Algoritmos que aprenden mediante ensayo y error para maximizar beneficios.

Ejemplo: Sistemas de trading algorítmico que ajustan parámetros dinámicamente.

5.3. Modelos Comunes: Regresión, Redes Neuronales, Árboles de Decisión

1. Regresión:

Propósito: Modelar la relación entre variables independientes (factores de entrada) y dependientes (precio).

Uso: Predecir valores continuos, como el precio de cierre de un activo.

Ejemplo:

Usar regresión lineal para estimar el impacto del volumen en el precio.

2. Redes Neuronales:

Propósito: Imitar el funcionamiento del cerebro humano para identificar patrones no lineales.

Tipos:

Redes Perceptrón Multicapa (MLP): Para problemas de clasificación o regresión.

Redes Neuronales Recurrentes (RNN): Especializadas en series temporales, como precios históricos.

Uso: Predecir tendencias complejas y dinámicas del mercado.

Ejemplo:

Usar una red neuronal para predecir el precio de Bitcoin basándose en datos históricos.

3. Árboles de Decisión:

Propósito: Crear un modelo de decisión en forma de árbol que clasifica o predice valores en función de variables de entrada.

Ventajas: Fácil de interpretar y rápido para entrenar.

Ejemplo:

Decidir si comprar, vender o mantener una acción basándose en indicadores como RSI o medias móviles.

Código Ejemplo (Regresión con Python):

```python
from sklearn.linear_model import LinearRegression
from sklearn.model_selection import train_test_split
import pandas as pd

# Cargar datos históricos
data = pd.read_csv('datos.csv')

# Variables independientes y dependientes
X = data[['Volume', 'Open', 'High', 'Low']]
y = data['Close']

# Dividir datos en entrenamiento y prueba
X_train, X_test, y_train, y_test = train_test_split(X, y, test_size=0.2)

# Entrenar modelo
model = LinearRegression()
```

```
model.fit(X_train, y_train)

# Predicción
predictions = model.predict(X_test)
print(predictions)
```

5.4. Cómo Evitar el Sobreajuste en Modelos Predictivos

El **sobreajuste (overfitting)** ocurre cuando un modelo se ajusta demasiado a los datos de entrenamiento, perdiendo capacidad de generalización.

Consejos para Evitar el Sobreajuste:

Dividir los Datos:

Separar los datos en conjuntos de entrenamiento, validación y prueba.

Simplificar el Modelo:

Evitar usar demasiados parámetros o características irrelevantes.

Regularización:

Usar técnicas como L1 o L2 para penalizar coeficientes extremos.

Cross-Validation:

Validar el modelo en múltiples subconjuntos de datos.

Ampliar el Dataset:

Aumentar el tamaño de los datos con información adicional o técnicas de generación de datos sintéticos.

Ejemplo Práctico de Cross-Validation:

from sklearn.model_selection import cross_val_score

from sklearn.ensemble import RandomForestRegressor

\# Modelo de bosque aleatorio

model = RandomForestRegressor()

\# Evaluación cruzada

scores = cross_val_score(model, X, y, cv=5)

print("Cross-validation scores:", scores)

Conclusión

El análisis de datos y el machine learning ofrecen herramientas avanzadas para optimizar el trading. Desde el uso de datos históricos hasta la implementación de modelos predictivos como redes neuronales o árboles de decisión, estas técnicas permiten identificar oportunidades y mejorar la precisión de las estrategias. Sin embargo, evitar problemas como el sobreajuste es crucial para garantizar la efectividad de los modelos en datos reales.

CAPITULO 6

Evaluación y Optimización de Estrategias

6. Evaluación y Optimización de Estrategias

La evaluación y optimización de estrategias de trading son etapas cruciales para garantizar la eficacia de un sistema algorítmico antes de su implementación en mercados reales. Este proceso incluye la realización de pruebas con datos históricos (backtesting), la optimización de parámetros, y la validación de la estrategia mediante simulaciones en tiempo real (paper trading).

6.1. Backtesting

El backtesting implica probar una estrategia de trading en datos históricos para evaluar su desempeño bajo diferentes condiciones de mercado.

1. Cómo Realizar Pruebas con Datos Históricos

Recolección de Datos:

Obtener datos históricos precisos que incluyan precios de apertura, cierre, máximo, mínimo y volumen.

Fuentes comunes: MetaTrader, Yahoo Finance, Interactive Brokers API.

Limpieza de Datos:

Eliminar datos duplicados, valores faltantes o inconsistentes.

Ajustar precios por dividendos o splits en el caso de acciones.

Implementación de la Estrategia:

Codificar las reglas de entrada y salida de la estrategia.

Simular el sistema sobre los datos históricos para generar señales de compra y venta.

Resultados:

Calcular las métricas clave (detalladas más adelante) para evaluar la estrategia.

Ejemplo Práctico: Backtesting de Cruce de Medias Móviles (Python):

```
import pandas as pd


# Cargar datos históricos
data = pd.read_csv('datos_historicos.csv')
```

```python
# Calcular medias móviles
data['MA50'] = data['Close'].rolling(window=50).mean()
data['MA200'] = data['Close'].rolling(window=200).mean()

# Señales de compra/venta
data['Signal'] = 0
data.loc[data['MA50'] > data['MA200'], 'Signal'] = 1
data.loc[data['MA50'] <= data['MA200'], 'Signal'] = -1

# Calcular rendimientos
data['Daily Return'] = data['Close'].pct_change()
data['Strategy Return'] = data['Signal'].shift(1) * data['Daily Return']

# Evaluar el rendimiento
total_return = data['Strategy Return'].cumsum().iloc[-1]
print(f"Rendimiento total: {total_return:.2%}")
```

2. Métricas Clave para Evaluar un Sistema de Trading

Rendimiento Total:

Beneficio o pérdida acumulada de la estrategia en el periodo analizado.

Drawdown Máximo:

La mayor caída desde un pico de capital hasta un valle.

Mide el riesgo asociado a la estrategia.

Ratio Sharpe:

Rentabilidad ajustada al riesgo (rendimiento medio dividido por la desviación estándar).

Fórmula: $Sharpe = \frac{R - R_f}{\sigma}$

Win Rate:

Porcentaje de operaciones rentables.

Relación Riesgo-Beneficio (R:B):

Promedio del tamaño de las ganancias frente al promedio de las pérdidas.

6.2. Optimización de Parámetros

1. Análisis de Sensibilidad

El análisis de sensibilidad evalúa cómo los cambios en los parámetros de la estrategia afectan su rendimiento. Esto asegura que la estrategia sea robusta y no dependa de valores específicos.

Pasos:

Identificar los parámetros clave (por ejemplo, periodos de medias móviles).

Probar diferentes combinaciones de parámetros en el backtesting.

Analizar cómo varían las métricas clave con cada combinación.

Ejemplo Práctico:

```
import itertools

# Parámetros a probar
fast_ma_range = range(10, 31, 5)
slow_ma_range = range(50, 101, 10)

# Combinaciones de parámetros
for fast, slow in itertools.product(fast_ma_range, slow_ma_range):
    data['Fast_MA'] = data['Close'].rolling(window=fast).mean()
```

data['Slow_MA']   =   data['Close'].rolling(window=slow).mean()

\# Evaluar la estrategia con estos parámetros...

2. Detección de Sobreajuste (Overfitting)

El sobreajuste ocurre cuando una estrategia funciona excepcionalmente bien en datos históricos, pero falla en datos nuevos debido a que está demasiado ajustada a patrones específicos del pasado.

Cómo Evitarlo:

Dividir los datos en conjuntos de entrenamiento y prueba.

Utilizar validación cruzada para evaluar la estrategia en diferentes subconjuntos de datos.

Preferir estrategias simples y con menos parámetros.

Indicadores de Sobreajuste:

Resultados significativamente mejores en los datos de entrenamiento frente a los de prueba.

La estrategia funciona bien solo en ciertos periodos o activos.

6.3. Pruebas en Tiempo Real (Paper Trading)

El paper trading consiste en probar una estrategia en tiempo real utilizando una cuenta simulada. Esto permite validar su desempeño sin arriesgar dinero real.

Beneficios del Paper Trading:

Probar la ejecución de la estrategia bajo condiciones reales de mercado.

Detectar errores en la lógica del algoritmo o problemas de latencia.

Evaluar el impacto de costos de transacción como el spread o el slippage.

Herramientas Comunes para Paper Trading:

MetaTrader: Usar cuentas demo para ejecutar Expert Advisors en condiciones de mercado reales.

Interactive Brokers API: Implementar estrategias con datos en tiempo real en una cuenta de simulación.

Plataformas de Simulación: Como QuantConnect o Alpaca, que ofrecen entornos para paper trading.

Ejemplo de Paper Trading (Python e Interactive Brokers):

```python
from ib_insync import *

# Conexión con la API de IBKR
ib = IB()
ib.connect('127.0.0.1', 7497, clientId=1)

# Configuración del contrato
contract = Stock('AAPL', 'SMART', 'USD')
ib.qualifyContracts(contract)

# Monitorizar precio en tiempo real
while True:
    market_data = ib.reqMktData(contract)
    print(f"Precio actual: {market_data.last}")
    # Lógica de trading...
```

Conclusión

El backtesting, la optimización de parámetros y el paper trading son etapas fundamentales en el desarrollo de estrategias algorítmicas. Realizar pruebas exhaustivas y ajustar parámetros garantiza que las estrategias sean robustas y rentables, mientras que las pruebas en tiempo real permiten validar su desempeño en entornos reales antes de comprometer capital.

CAPITULO 7

Implementación y Ejecución

La implementación y ejecución de un sistema de trading algorítmico en vivo requiere una arquitectura robusta, una gestión eficiente de la latencia y un enfoque sólido en la gestión de riesgos. Este capítulo detalla cómo construir un sistema para operar en tiempo real y cómo asegurar su efectividad y sostenibilidad.

7.1. Arquitectura para un Sistema de Trading en Vivo

La arquitectura de un sistema de trading algorítmico debe ser modular, escalable y resiliente, permitiendo la integración fluida de datos, estrategias y ejecución de órdenes.

Componentes de la Arquitectura:

Fuente de Datos:

Proveedor de datos en tiempo real para precios, volúmenes y noticias.

Ejemplo: APIs de MetaTrader, Interactive Brokers, o proveedores como Bloomberg o Alpha Vantage.

Motor de Estrategias:

Módulo que ejecuta la lógica de trading basada en las señales generadas por la estrategia.

Puede incluir reglas basadas en análisis técnico, machine learning, o eventos.

Motor de Ejecución:

Responsable de enviar, modificar y cancelar órdenes al broker o intercambio.

Debe minimizar la latencia para asegurar una ejecución rápida.

Gestión de Riesgos:

Control de límites de exposición, Stop Loss, Take Profit y tamaño de posiciones.

Monitorización y Registro:

Monitorear en tiempo real las métricas clave, órdenes ejecutadas, y posibles errores.

Registrar datos para análisis posterior.

Interfaz de Usuario (opcional):

Panel para visualizar el rendimiento, modificar parámetros y detener el sistema si es necesario.

Diagrama de Flujo Simplificado:

[Fuente de Datos] --> [Motor de Estrategias] --> [Motor de Ejecución] --> [Broker]

↑ ↓

[Gestión de Riesgos]
[Monitorización]

7.2. Consideraciones de Latencia y Ejecución de Órdenes

La **latencia** es el retraso entre el momento en que se genera una señal de trading y cuando se ejecuta la orden. En estrategias como el **High-Frequency Trading (HFT)**, minimizar la latencia es crítico.

Fuentes de Latencia:

Transmisión de Datos:

Retrasos en la recepción de precios en tiempo real desde el proveedor de datos.

Procesamiento:

Tiempo necesario para analizar datos y generar señales.

Transmisión de Órdenes:

Tiempo para enviar órdenes al broker y recibir confirmaciones.

Cómo Reducir la Latencia:

Colocation:

Hospedar el sistema cerca de los servidores del intercambio para reducir el tiempo de transmisión.

Infraestructura Eficiente:

Usar hardware de alto rendimiento y lenguajes rápidos como C++ o Java.

Optimización de Código:

Minimizar procesos innecesarios en la lógica de estrategias.

Ejecución de Órdenes:

Órdenes a Mercado:

Garantizan ejecución inmediata al mejor precio disponible.

Riesgo: Exposición al slippage.

Órdenes Limitadas:

Ejecución al precio especificado o mejor.

Riesgo: Posible no ejecución si el mercado no alcanza el precio.

Ejemplo Práctico (Python con Interactive Brokers):

from ib_insync import *

```python
# Conectar con Interactive Brokers
ib = IB()
ib.connect('127.0.0.1', 7497, clientId=1)

# Configurar contrato
contract = Stock('AAPL', 'SMART', 'USD')
ib.qualifyContracts(contract)

# Enviar una orden de compra a mercado
order = MarketOrder('BUY', 10)  # Comprar 10 acciones
ib.placeOrder(contract, order)
```

7.3. Gestión de Riesgos en Trading Algorítmico

La gestión de riesgos es fundamental para proteger el capital y asegurar la sostenibilidad del sistema en el tiempo. Un sistema robusto debe incluir medidas para limitar pérdidas y diversificar la exposición.

1. Stop Loss:

Un nivel predefinido donde la posición se cierra automáticamente si el mercado se mueve en contra.

Ejemplo:

Comprar acciones a $100 con un Stop Loss en $95 para limitar pérdidas a $5 por acción.

2. Take Profit:

Un nivel en el que la posición se cierra automáticamente al alcanzar el objetivo de beneficio.

Ejemplo:

Comprar a $100 con un Take Profit en $110 para asegurar una ganancia de $10 por acción.

3. Diversificación:

Reducir el riesgo al distribuir el capital en múltiples instrumentos, sectores o estrategias.

Ejemplo:

Operar simultáneamente en acciones, Forex y materias primas para evitar concentración de riesgos.

4. Tamaño de la Posición:

Determinar cuánto capital asignar a cada operación según el nivel de riesgo.

Ejemplo (Regla del 1%):

Si el capital total es $10,000, arriesgar solo $100 (1%) por operación.

5. Límite de Pérdidas Diarias:

Detener el sistema si las pérdidas superan un umbral predefinido.

Ejemplo:

Suspender operaciones si las pérdidas diarias alcanzan el 5% del capital.

Ejemplo de Gestión de Riesgos (MQL5):

```
#include <Trade/Trade.mqh>
CTrade trade;

// Parámetros de gestión de riesgos
input double LotSize = 0.1;
input double StopLoss = 20;   // En puntos
input double TakeProfit = 50; // En puntos

void OnTick()
{
   if (ConditionsForTrade())
   {
      trade.Buy(LotSize, NULL, Ask, StopLoss, TakeProfit);
   }
```

}

Conclusión

Implementar un sistema de trading en vivo requiere un diseño robusto, una gestión eficiente de la latencia y una sólida estrategia de gestión de riesgos. Estos elementos no solo optimizan la ejecución de operaciones, sino que también protegen el capital del trader frente a la volatilidad y las incertidumbres del mercado.

CAPITULO 8

Aspectos Legales y Regulatorios

El trading algorítmico opera en un entorno altamente regulado para proteger la integridad de los mercados financieros, prevenir manipulaciones y garantizar un acceso justo a todos los participantes. Este capítulo examina las regulaciones globales, las responsabilidades éticas de los traders algorítmicos y ejemplos de casos legales significativos.

8.1. Regulaciones Globales Relacionadas con el Trading Algorítmico

Los reguladores de todo el mundo han establecido normas específicas para supervisar el trading algorítmico debido a su impacto en la estabilidad del mercado. Estas regulaciones buscan equilibrar la innovación tecnológica con la protección de los inversores y el sistema financiero.

1. Principales Áreas de Regulación:

Transparencia:

Obliga a las empresas de trading algorítmico a revelar información sobre sus estrategias y algoritmos a las autoridades reguladoras.

Ejemplo: Informes periódicos sobre algoritmos usados y su impacto en el mercado.

Prevención de Manipulación del Mercado:

Prohíbe prácticas como **spoofing** (colocar órdenes falsas para influir en el precio) y **layering** (crear capas de órdenes falsas para manipular el mercado).

Control de Riesgos Operativos:

Requisitos para garantizar que los sistemas algorítmicos sean seguros, confiables y estén protegidos contra fallos técnicos.

4. Monitoreo y Auditoría:

Obligación de mantener registros detallados de todas las transacciones y actividades algorítmicas para auditorías futuras.

2. Regulaciones en Diferentes Jurisdicciones:

Unión Europea (MiFID II):

Exige que los algoritmos estén documentados y supervisados para evitar impactos desestabilizadores.

Introduce la obligación de realizar pruebas de estrés en los sistemas algorítmicos.

Estados Unidos (Regulación SEC y CFTC):

Supervisión estricta contra el **spoofing** y el abuso de alta frecuencia.

La **Regla 15c3-5** requiere controles de riesgo pre-trade para brokers.

Asia (India y Singapur):

India implementó regulaciones que limitan el uso de co-location y establecen tarifas más altas para operaciones de alta frecuencia.

Singapur exige que las empresas de trading algorítmico demuestren la robustez de sus sistemas.

8.2. Cumplimiento Normativo y Gestión Ética

El cumplimiento normativo no solo es un requisito legal, sino también un estándar ético para proteger a los inversores y mantener la confianza en los mercados.

1. Cumplimiento Normativo:

Supervisión Interna:

Empresas deben implementar equipos de compliance para monitorear la adherencia a las regulaciones.

Realizar auditorías regulares de los sistemas algorítmicos.

Pruebas y Validación:

Antes de implementar un algoritmo, realizar pruebas rigurosas para garantizar que cumpla con las normas legales.

Control de Latencia:

Evitar prácticas que otorguen ventajas injustas, como el acceso preferencial a datos del mercado.

Gestión de Riesgos:

Implementar límites automáticos en el tamaño de las órdenes y la exposición total para prevenir riesgos sistémicos.

2. Gestión Ética:

Impacto en el Mercado:

Asegurarse de que las estrategias algorítmicas no manipulen el mercado ni dañen a otros participantes.

Transparencia:

Ser claro sobre los riesgos asociados con el uso de algoritmos en los informes a clientes o inversores.

Responsabilidad Social:

Diseñar algoritmos que promuevan la estabilidad del mercado en lugar de aprovechar ineficiencias temporales.

8.3. Ejemplos de Casos Legales en Trading Algorítmico

1. Caso Navinder Sarao y el Flash Crash (2010):

Contexto:

Navinder Sarao fue acusado de usar un algoritmo para manipular el mercado de futuros del S&P 500.

Su estrategia de **spoofing** contribuyó al "Flash Crash" del 6 de mayo de 2010, cuando el Dow Jones cayó casi 1,000 puntos en minutos.

Resultado:

Fue extraditado a EE.UU. y condenado por manipulación del mercado.

2. Caso Citadel Securities (2017):

Contexto:

Citadel fue acusada de enviar órdenes falsas para manipular el precio de ciertas acciones.

Resultado:

La SEC multó a la empresa por prácticas desleales, reforzando la vigilancia sobre los algoritmos de alta frecuencia.

3. Caso Barclays y Dark Pools (2014):

Contexto:

Barclays fue investigada por engañar a los inversores sobre la actividad de trading algorítmico en su "dark pool".

Los algoritmos supuestamente favorecían a ciertos operadores de alta frecuencia.

Resultado:

Barclays pagó una multa multimillonaria y enfrentó restricciones regulatorias.

4. Regulaciones Post-Flash Crash:

El Flash Crash de 2010 impulsó a los reguladores de EE.UU. a implementar nuevas reglas, como "limit up-limit down", para evitar caídas repentinas de precios.

Conclusión

El trading algorítmico opera bajo estrictas regulaciones diseñadas para garantizar la integridad y la equidad en los mercados financieros. A medida que las tecnologías avanzan, también lo hacen las normativas para abordar riesgos emergentes. El cumplimiento normativo y la gestión ética no solo son obligaciones legales, sino también pilares fundamentales para mantener la confianza en los sistemas de trading algorítmico.

CAPITULO 9

Herramientas y Recursos: Plataformas Populares de Trading Algorítmico

El trading algorítmico requiere una combinación de herramientas especializadas y fuentes confiables de datos para analizar mercados, desarrollar estrategias y ejecutar operaciones. Este capítulo aborda las plataformas más populares, las fuentes de datos esenciales y los recursos educativos recomendados para profundizar en el tema.

9.1. Plataformas Populares de Trading Algorítmico

Las plataformas de trading algorítmico proporcionan el entorno necesario para diseñar, probar y ejecutar estrategias automatizadas. A continuación, se destacan algunas de las más utilizadas:

1. MetaTrader (MT4/MT5):

Descripción:

MetaTrader es una plataforma ampliamente utilizada en los mercados de Forex y CFDs. Permite programar estrategias a través de los lenguajes MQL4 (MT4) y MQL5 (MT5).

Características:

Backtesting integrado.

Indicadores técnicos personalizables.

Compatible con la mayoría de brokers minoristas.

Condiciones para el Trading Algorítmico:

Lenguaje de programación: MQL4 (para MT4) y MQL5 (para MT5), diseñados específicamente para construir algoritmos y personalizar indicadores.

Backtesting: MT5 ofrece un probador de estrategias multicore, permitiendo simulaciones con datos históricos y forward testing.

Mercados: Compatible con forex, acciones, índices, materias primas y criptomonedas, según el broker utilizado.

Limitaciones:

MT4 es más limitado en comparación con MT5 en términos de funcionalidad para trading algorítmico.

Dependencia del broker para los datos de mercado y latencia.

Ideal para: Traders minoristas y principiantes en trading algorítmico.

2. NinjaTrader:

Descripción:

Plataforma avanzada para futuros, Forex y acciones, conocida por su enfoque en análisis técnico y desarrollo de estrategias personalizadas.

Características:

Lenguaje de programación propio basado en C#.

Simulación en tiempo real y herramientas avanzadas de backtesting.

Condiciones para el Trading Algorítmico:

Lenguaje de programación: Utiliza C#, ofreciendo gran flexibilidad y potencia para construir estrategias.

Herramientas: Strategy Builder (interfaz gráfica para traders no programadores) y NinjaScript (para usuarios avanzados).

Backtesting y simulación: Backtesting robusto con herramientas de análisis detalladas y simulación en tiempo real.

Mercados: Compatibilidad directa con futuros, forex y acciones, con soporte para múltiples proveedores de datos.

Limitaciones:

Curva de aprendizaje pronunciada para los nuevos usuarios.

Dependencia de suscripciones de datos premium para obtener acceso a datos en tiempo real.

Ideal para: Traders que buscan flexibilidad en la programación y análisis técnico detallado.

3. QuantConnect:

Descripción:

Una plataforma basada en la nube que permite desarrollar estrategias en lenguajes como Python y C#. Ofrece acceso a múltiples clases de activos.

Características:

Acceso a datos históricos y en tiempo real.

Integración con brokers como Interactive Brokers y Alpaca.

Comunidad activa de desarrolladores.

Condiciones para el Trading Algorítmico:

Lenguajes soportados: Python y C#.

Backtesting: Herramientas avanzadas con acceso a más de 15 años de datos históricos.

Infraestructura: Totalmente basada en la nube, lo que elimina la necesidad de servidores locales.

Mercados: Acceso a forex, acciones, criptomonedas y futuros.

Limitaciones:

Requiere conocimientos básicos de programación.

Dependencia de su conexión en la nube para ejecutar estrategias.

Ideal para: Traders interesados en estrategias avanzadas y machine learning.

4. Interactive Brokers API:

Descripción:

API robusta que permite integrar estrategias algorítmicas con la plataforma de Interactive Brokers.

Características:

Soporte para Python, Java, C++, R.

Acceso a una amplia gama de instrumentos financieros.

Ideal para: Traders profesionales que operan múltiples activos.

5. Alpaca:

Descripción:

Broker basado en la nube que ofrece una API gratuita para trading de acciones en Estados Unidos.

Características:

Soporte nativo para Python.

Sin comisiones por operación.

Paper trading para simulaciones.

Ideal para: Desarrolladores y traders algorítmicos que buscan simplicidad y acceso a mercados de acciones.

6. TradeStation

Descripción: TradeStation es una plataforma poderosa para traders algorítmicos, con herramientas avanzadas para el diseño y ejecución de estrategias.

Condiciones para el Trading Algorítmico:

Lenguaje de programación: EasyLanguage, diseñado para estrategias de trading.

Backtesting: Incluye simulación en tiempo real y análisis detallado del rendimiento.

Mercados: Acceso a acciones, opciones, futuros y forex.

Integraciones: Compatible con herramientas externas para análisis avanzado.

Limitaciones:

Enfocada en el mercado estadounidense.

Comisiones más altas en comparación con otras plataformas.

7. TWS (Trader Workstation) de Interactive Brokers

Descripción: TWS es la plataforma propietaria de Interactive Brokers. Ofrece herramientas avanzadas para traders que desarrollan estrategias automatizadas.

Condiciones para el Trading Algorítmico:

Lenguajes soportados: Python, Java, C++, y más mediante su API avanzada.

Estrategias predefinidas: Opciones para implementar algoritmos básicos sin necesidad de codificación.

Mercados: Acceso a una amplia gama de instrumentos y mercados globales.

Limitaciones:

Requiere experiencia técnica para usar su API.

Interfaz menos intuitiva para principiantes.

8. cTrader Automate

Descripción: cTrader Automate es una plataforma de trading algorítmico basada en C#. Ofrece una alternativa a MetaTrader con un enfoque más moderno y herramientas avanzadas.

Condiciones para el Trading Algorítmico:

Lenguaje de programación: C#, utilizando cTrader API.

Backtesting y optimización: Herramientas integradas para evaluar estrategias.

Mercados: Compatible principalmente con forex y CFDs.

Limitaciones:

Menor comunidad y soporte que MetaTrader.

Depende del broker para la compatibilidad.

9. MultiCharts

Descripción: MultiCharts es una plataforma orientada a traders técnicos que necesitan análisis avanzado y herramientas de optimización.

Condiciones para el Trading Algorítmico:

Lenguaje de programación: EasyLanguage y PowerLanguage.

Backtesting y análisis: Herramientas robustas con simulación en tiempo real.

Mercados: Compatible con múltiples brokers y mercados globales.

Limitaciones:

Costosa en comparación con otras plataformas.

Curva de aprendizaje pronunciada.

10. ProRealTime

Descripción: ProRealTime es una plataforma de análisis técnico y trading algorítmico basada en la web.

Condiciones para el Trading Algorítmico:

Lenguaje de programación: ProRealCode, un lenguaje propietario sencillo de aprender.

Backtesting: Amplias herramientas para evaluar estrategias con datos históricos detallados.

Mercados: Compatible con forex, acciones, futuros y CFDs.

Limitaciones:

Basada en suscripciones mensuales.

Dependencia de su conectividad en la nube.

11. Zorro Trader

Descripción: Zorro Trader es una herramienta gratuita para trading algorítmico que soporta estrategias personalizadas y de alta frecuencia.

Condiciones para el Trading Algorítmico:

Lenguaje de scripting: Ligero y fácil de aprender.

Backtesting: Funcionalidad avanzada con acceso a datos históricos.

Mercados: Soporte para forex, acciones y futuros.

Limitaciones:

Menos intuitiva para principiantes.

Requiere experiencia técnica.

9.2. Fuentes de Datos

Los datos son esenciales para el desarrollo y evaluación de estrategias. La calidad, cantidad y frecuencia de los datos pueden determinar el éxito de un sistema de trading algorítmico.

1. Datos Históricos:

Descripción:

Permiten realizar análisis retrospectivos y pruebas de estrategias en diferentes condiciones de mercado.

Fuentes Comunes:

Yahoo Finance: Gratuito, con datos históricos para acciones y divisas.

Quandl: Amplia base de datos financieros, económicos y alternativos.

MetaTrader: Datos integrados en la plataforma para Forex y CFDs.

Usos:

Backtesting y optimización de estrategias.

2. Datos de Alta Frecuencia:

Descripción:

Datos en tiempo real que incluyen precios, volumen y profundidad de mercado.

Fuentes Comunes:

Polygon.io: Proveedor de datos en tiempo real para acciones, Forex y criptomonedas.

Interactive Brokers: Acceso a datos en tiempo real a través de su API.

Bloomberg Terminal: Solución premium con datos de alta precisión.

Usos:

Estrategias de alta frecuencia y análisis intradía.

3. Factores a Considerar al Elegir una Fuente de Datos:

Frecuencia: Temporalidad de los datos (minuto, hora, diario, tick).

Cobertura: Instrumentos y mercados disponibles.

Costo: Fuentes gratuitas frente a soluciones premium.

Calidad: Precisión y consistencia de los datos.

9.3. Libros y Cursos Recomendados para Profundizar en Trading Algorítmico

Libros Recomendados:

"Algorithmic Trading: Winning Strategies and Their Rationale" – Ernie Chan

Explora estrategias rentables y la implementación práctica de sistemas algorítmicos.

"Quantitative Trading: How to Build Your Own Algorithmic Trading Business" – Ernie Chan

Introducción detallada al diseño de estrategias cuantitativas.

"Advances in Financial Machine Learning" – Marcos López de Prado

Cubre técnicas avanzadas de machine learning aplicadas al trading.

"Python for Algorithmic Trading" – Yves Hilpisch

Uso práctico de Python para desarrollar estrategias de trading algorítmico.

"Trading and Exchanges: Market Microstructure for Practitioners" – Larry Harris

Profundiza en la microestructura del mercado y su impacto en el trading.

Cursos Recomendados:

"Algorithmic Trading and Finance Models with Python, R, and Stata Essential Training" (LinkedIn Learning):

Curso introductorio que combina teoría y práctica con ejemplos en Python y R.

"Machine Learning for Trading" (Udacity):

Curso avanzado que combina machine learning con finanzas cuantitativas.

"AlgoTrading101 by Quantra" (QuantInsti):

Curso práctico diseñado para traders que quieren aprender los fundamentos del trading algorítmico.

"Quantitative Finance Specialization" (Coursera):

Enfocado en estrategias cuantitativas y modelado financiero.

"Interactive Brokers API Workshop" (Interactive Brokers):

Curso específico para aprender a integrar estrategias con la API de IBKR.

Conclusión

El éxito en el trading algorítmico depende del acceso a las herramientas, datos y conocimientos adecuados. Las plataformas como MetaTrader y QuantConnect proporcionan entornos accesibles para desarrollar estrategias, mientras que fuentes de datos como Quandl y Polygon.io ofrecen la información necesaria para analizarlas. Por último, los libros y cursos recomendados permiten profundizar en los aspectos técnicos y prácticos del trading algorítmico, desde los fundamentos hasta técnicas avanzadas.

CAPITULO 10

BUILDER DE PROGRAMACION PARA TRADING ALGORITMICO

Algunos Builders de Programación para Trading Algorítmico

EA Builder: Herramienta gráfica para MetaTrader.
Forex Strategy Builder: Ideal para principiantes.
StrategyQuant: Generador automático de estrategias.

Aquí tienes una lista de builders de programación para trading algorítmico junto con una descripción de cada uno:

10.1. EA Builder

EA Builder es una herramienta de creación de algoritmos diseñada para traders que desean desarrollar estrategias automatizadas sin conocimientos avanzados de programación. Está orientada a la creación de Expert Advisors (EAs) para plataformas como MetaTrader 4 (MT4) y MetaTrader 5 (MT5).

Características principales:

Interfaz gráfica intuitiva.

Generación automática de código MQL4/MQL5.

Compatible con indicadores personalizados.

Permite crear estrategias basadas en indicadores técnicos y reglas definidas por el usuario.

Ventajas:

Ideal para principiantes.

No requiere conocimientos de programación.

Ofrece una versión gratuita con funciones básicas.

Limitaciones:

Opciones limitadas en la versión gratuita.

No apto para estrategias extremadamente complejas.

10.2. Forex Strategy Builder (FSB)

Forex Strategy Builder es un software especializado en la creación y prueba de estrategias para el mercado forex. Permite desarrollar estrategias mediante una interfaz visual y realizar backtesting para evaluar su rendimiento.

Características principales:

Permite construir estrategias basadas en indicadores y reglas predefinidas.

Backtesting detallado con análisis de rendimiento.

Compatible con MetaTrader 4 y 5.

Incluye un generador automático de estrategias.

Ventajas:

Amplias opciones para optimizar estrategias.

Herramientas de simulación avanzada.

Ideal para traders enfocados en forex.

Limitaciones:

Menos compatible con otros mercados fuera de forex.

10.3. StrategyQuant

StrategyQuant es una herramienta avanzada que utiliza inteligencia artificial y aprendizaje automático para generar estrategias de trading algorítmico. Es ideal para traders que buscan un enfoque más automatizado en el diseño de estrategias.

Características principales:

Generación automática de estrategias basadas en datos históricos.

Soporte para múltiples mercados: forex, acciones, futuros, etc.

Optimización y validación con datos fuera de muestra.

Exporta estrategias a MetaTrader, NinjaTrader y otras plataformas.

Ventajas:

Herramientas avanzadas de análisis y optimización.

Permite crear estrategias innovadoras sin necesidad de programar.

Amplio soporte técnico y comunidad activa.

Limitaciones:

Costoso en comparación con otros builders.

Curva de aprendizaje más pronunciada.

10.4. AlgoWizard (Quantower)

AlgoWizard es una herramienta de Quantower que permite construir estrategias de trading mediante bloques visuales, sin necesidad de escribir código. Está diseñada para traders que desean una solución fácil y rápida para desarrollar estrategias.

Características principales:

Construcción de estrategias mediante un sistema de bloques visuales.

Integración con múltiples brokers y plataformas.

Backtesting integrado y herramientas de optimización.

Compatible con datos en tiempo real.

Ventajas:

Interfaz limpia y fácil de usar.

Compatible con múltiples mercados y activos.

Soporte para estrategias tanto simples como complejas.

Limitaciones:

Requiere conexión con brokers compatibles.

Menos personalizable en comparación con el desarrollo manual.

10.5. VisualTrader

VisualTrader es un software que combina análisis técnico y construcción de estrategias en un entorno visual. Su enfoque principal es ayudar a los traders a identificar oportunidades y automatizar estrategias sin programación.

Características principales:

Creación de estrategias basadas en patrones de precios e indicadores técnicos.

Integración con plataformas de trading como MetaTrader y TradeStation.

Herramientas de análisis avanzado y gestión de riesgos.

Ventajas:

Fuerte enfoque en análisis técnico.

Ideal para traders visuales y técnicos.

Compatible con múltiples plataformas.

Limitaciones:

Puede resultar limitado para estrategias basadas en datos fundamentalistas.

10.6. Zorro Trader

Zorro Trader es una herramienta ligera y gratuita que permite desarrollar estrategias de trading algorítmico utilizando un lenguaje de script sencillo. Está diseñada para traders avanzados y desarrolladores.

Características principales:

Lenguaje de scripting fácil de aprender.

Compatible con múltiples plataformas y APIs de brokers.

Ideal para estrategias personalizadas.

Soporte para trading de alta frecuencia (HFT).

Ventajas:

Software gratuito y de código abierto.

Ideal para traders técnicos con algo de experiencia en programación.

Alta flexibilidad y personalización.

Limitaciones:

Curva de aprendizaje para principiantes.

Menos intuitivo que otros builders basados en gráficos.

10.7. QuantConnect

QuantConnect es una plataforma basada en la nube que permite desarrollar, probar y ejecutar estrategias algorítmicas en varios mercados. Aunque no es un builder tradicional, ofrece un entorno amigable para crear algoritmos.

Características principales:

Compatible con lenguajes como Python y C#.

Amplia biblioteca de datos históricos para backtesting.

Conexión con múltiples brokers.

Comunidad activa para compartir ideas y estrategias.

Ventajas:

Acceso a datos masivos y potentes herramientas de backtesting.

Ideal para traders avanzados y cuantitativos.

Escalable para estrategias complejas.

Limitaciones:

Requiere conocimientos básicos de programación.

Dependencia de la conexión a internet debido a su enfoque en la nube.

10.8. NinjaTrader Strategy Builder

El Strategy Builder de NinjaTrader permite a los traders diseñar estrategias automatizadas mediante una interfaz gráfica. Es una excelente opción para traders que usan la plataforma NinjaTrader.

Características principales:

Interfaz gráfica para construir estrategias sin código.

Integración nativa con la plataforma NinjaTrader.

Herramientas avanzadas de backtesting y optimización.

Ventajas:

Perfecto para usuarios de NinjaTrader.

Opciones avanzadas de análisis y gestión de riesgos.

Compatibilidad con futuros, forex y acciones.

Limitaciones:

Limitado a usuarios de NinjaTrader.

Menos flexible que el desarrollo manual en C#.

10.9. Tradestation Strategy Builder

El builder de estrategias de TradeStation utiliza su lenguaje propietario, EasyLanguage, para facilitar la creación de estrategias de trading algorítmico.

Características principales:

Fácil integración con la plataforma TradeStation.

Soporte para estrategias basadas en indicadores técnicos.

Análisis avanzado de rendimiento.

Ventajas:

Ideal para traders que operan en TradeStation.

Interfaz intuitiva para principiantes.

Limitaciones:

Limitado a la plataforma TradeStation.

Estos builders ofrecen una amplia gama de opciones para traders de todos los niveles, desde principiantes hasta expertos. Según tus necesidades y nivel de experiencia, puedes elegir el que mejor se adapte a tus objetivos de trading.

CAPITULO 11

VPS PARA ALOJAMIENTO Y OPERACION CONTINUA

Un VPS permite ejecutar algoritmos 24/7. Los proveedores más populares son:
- Amazon AWS
- Google Cloud
- Vultr
- MetaTrader VPS

A continuación, se presenta una lista de proveedores de Servidores Privados Virtuales (VPS) adecuados para trading algorítmico, detallando sus características, idoneidad según el tipo de trading, precios y su relación con brokers o plataformas específicas:

11.1. Beeks Financial Cloud

Descripción: Proveedor especializado en soluciones de VPS para el sector financiero, ofreciendo baja latencia y alta fiabilidad.

Características:

Ubicaciones: Centros de datos en proximidad a las principales bolsas mundiales, como Nueva York, Londres y Tokio.

Latencia: Optimizada para trading de alta frecuencia (HFT) y estrategias sensibles al tiempo.

Seguridad: Medidas robustas para proteger datos y operaciones.

Idoneidad: Ideal para traders profesionales y estrategias HFT que requieren ejecución rápida y estable.

Precio: Planes desde aproximadamente $30 USD al mes, variando según los recursos y ubicaciones seleccionadas.

Asociaciones: Colabora con brokers como BlackBull Markets, ofreciendo servicios VPS integrados para sus clientes. citeturn0search3

11.2. MetaTrader VPS

Descripción: Servicio de alojamiento VPS integrado directamente en las plataformas MetaTrader 4 y 5, facilitando la ejecución continua de Expert Advisors (EAs).

Características:

Integración: Configuración sencilla desde la plataforma MetaTrader.

Latencia: Baja, debido a la proximidad con los servidores de MetaTrader.

Disponibilidad: 99.9% de tiempo de actividad garantizado.

Idoneidad: Adecuado para traders que utilizan EAs en MetaTrader y buscan una solución integrada y fácil de configurar.

Precio: Aproximadamente $15 USD al mes, con variaciones según el broker y la región.

Asociaciones: Disponible para usuarios de MetaTrader a través de brokers compatibles. citeturn0search10

11.3. ForexVPS

Descripción: Proveedor de VPS enfocado en traders de forex, ofreciendo servidores optimizados para plataformas de trading populares.

Características:

Optimización: Servidores configurados específicamente para MetaTrader y cTrader.

Latencia: Baja, con servidores ubicados cerca de los principales centros financieros.

Soporte: 24/7 especializado en trading.

Idoneidad: Ideal para traders de forex que requieren una solución VPS optimizada para sus plataformas de trading.

Precio: Planes desde $25 USD al mes, con opciones más avanzadas disponibles.

Asociaciones: No pertenece a ningún broker específico, pero es compatible con la mayoría de las plataformas de trading.

11.4. AxiTrader VPS

Descripción: Broker que ofrece servicios VPS gratuitos a sus clientes que cumplen ciertos criterios de volumen de trading.

Características:

Integración: Directa con las cuentas de trading de AxiTrader.

Latencia: Baja, optimizada para los servidores de AxiTrader.

Costo: ☐Gratuito para clientes que mantienen un volumen de trading específico.☐

Idoneidad: ☐Beneficioso para clientes de AxiTrader que buscan reducir costos y mejorar la ejecución de sus estrategias algorítmicas.☐

Precio: ☐Gratuito bajo condiciones; de lo contrario, se aplican tarifas estándar.☐

Asociaciones: ☐Servicio exclusivo para clientes de AxiTrader.☐ ☐cite☐turn0search6☐

11.5. Amazon Web Services (AWS) - EC2

Descripción: ☐Proveedor líder en servicios en la nube, ofreciendo instancias de servidores virtuales con alta flexibilidad y escalabilidad.☐

Características:

Flexibilidad: ☐Amplia gama de configuraciones de hardware y ubicaciones geográficas.☐

Escalabilidad: ☐Capacidad para ajustar recursos según las necesidades del trader.☐

Seguridad: ☐Infraestructura robusta con medidas avanzadas de seguridad.☐

Idoneidad: ☐Adecuado para traders con conocimientos técnicos que requieren personalización y escalabilidad en sus operaciones.

Precio: Varía según la configuración; opciones desde $10 USD al mes para instancias básicas.

Asociaciones: No está asociado a ningún broker o plataforma específica; requiere configuración manual para integrar plataformas de trading.

11.6. Google Cloud Platform (GCP) - Compute Engine

Descripción: Servicio de computación en la nube de Google, ofreciendo máquinas virtuales con alta disponibilidad y rendimiento.

Características:

Rendimiento: Servidores de alta velocidad con opciones de almacenamiento SSD.

Red: Infraestructura de red global de baja latencia.

Escalabilidad: Ajuste dinámico de recursos según demanda.

Idoneidad: Ideal para traders que buscan una infraestructura robusta y escalable, con experiencia en configuración de servidores.

Precio: ☐Modelos de pago por uso; instancias básicas desde $15 USD al mes.☐

Asociaciones: ☐No asociado a brokers; requiere configuración para integrar plataformas de trading.☐

11.7. Microsoft Azure - Virtual Machines

Descripción: Plataforma de computación en la nube de Microsoft, ofreciendo máquinas virtuales con diversas configuraciones y servicios complementarios.

Características:

Integración: Compatibilidad con herramientas y servicios de Microsoft.

Seguridad: Cumplimiento de estándares internacionales de seguridad y privacidad.

CUADRO COMPARATIVO

Proveedor	Descripción	Idoneidad	Precio (USD/mes)	Asociación
Beeks Financial Cloud	Especializado en soluciones financieras, baja latencia.	Trading HFT y profesional.	Desde $30	Colabora con brokers como BlackBull Markets.
MetaTrader VPS	Integrado directamente en MetaTrader 4 y 5.	EAs en MetaTrader.	Desde $15	Exclusivo para MetaTrader.
Forex VPS	Optimizado para plataformas de trading populares.	Forex trading optimizado.	Desde $25	Compatible con la mayoría de brokers.
AxiTrader VPS	Gratuito para clientes que	Clientes de AxiTrader con	Gratuito bajo condiciones	Servicio exclusivo de AxiTra

	cumplan criterios de volumen.	trading frecuente.		der.
Amazon Web Services (AWS)	Flexibilidad y escalabilidad en la nube.	Traders con necesidades personalizadas.	Desde $10	No asociado a brokers.
Google Cloud Platform (GCP)	Máquinas virtuales de alto rendimiento.	Traders avanzados y técnicos.	Desde $15	No asociado a brokers.

CAPITULO 12

Perspectivas Futuras

12.1. Inteligencia artificial y el futuro del trading

La integración de la inteligencia artificial (IA) en el trading algorítmico está transformando radicalmente la forma en que se analizan y ejecutan las operaciones en los mercados financieros. Los avances en aprendizaje automático (machine learning) permiten a los algoritmos identificar patrones complejos en los datos históricos y en tiempo real, proporcionando una ventaja significativa para anticipar movimientos de mercado.

Entre las aplicaciones actuales y futuras de la IA en el trading destacan:

Sistemas predictivos avanzados: Los modelos de IA pueden predecir tendencias de precios, identificar señales de compra/venta y ajustar estrategias dinámicamente.

Procesamiento del lenguaje natural (NLP): Herramientas que analizan noticias, redes sociales y otros contenidos para evaluar el sentimiento del mercado y su posible impacto.

Trading adaptativo: Algoritmos que ajustan automáticamente las estrategias en función de cambios repentinos en la volatilidad o la liquidez.

Evolución hacia asistentes virtuales financieros: Plataformas que no solo ejecutan operaciones, sino que también ofrecen asesoramiento personalizado en tiempo real.

El futuro del trading algorítmico impulsado por IA sugiere un mayor acceso a herramientas sofisticadas para traders minoristas, así como una competencia más intensa en los mercados financieros. Sin embargo, esto también plantea desafíos éticos y regulatorios, como la transparencia en los algoritmos y los posibles riesgos de sobreautomatización.

12.2. Blockchain y Trading Algorítmico Descentralizado

La tecnología blockchain está revolucionando no solo las finanzas, sino también el trading algorítmico. El concepto de trading descentralizado (DeFi trading) elimina intermediarios como bancos y brokers, permitiendo la ejecución directa de operaciones en plataformas blockchain a través de contratos inteligentes.

Ventajas del trading algorítmico basado en blockchain:

Transparencia: Todas las transacciones y estrategias ejecutadas a través de blockchain son accesibles públicamente, garantizando confianza y eliminando prácticas desleales.

Seguridad: Los contratos inteligentes son inmutables y automatizados, minimizando el riesgo de manipulación.

Acceso global: Permite a cualquier persona con conexión a Internet participar en mercados descentralizados.

Tokenización de activos: Posibilidad de crear y operar con activos digitales respaldados por valores del mundo real, como acciones, bonos o materias primas.

Sin embargo, la integración de blockchain en el trading algorítmico enfrenta retos como la escalabilidad, la volatilidad de las criptomonedas, y la necesidad de regulación clara para proteger a los inversores.

12.3. Retos y Oportunidades en los Mercados Emergentes

Los mercados emergentes representan un terreno fértil para el desarrollo y la expansión del trading algorítmico debido a factores como su rápida digitalización, el crecimiento económico y la adopción de nuevas tecnologías. Sin embargo, también presentan desafíos únicos que los diferencian de los mercados desarrollados.

Oportunidades:

Infraestructura en desarrollo: Las nuevas plataformas y mercados financieros digitales en países emergentes permiten la implementación directa de sistemas modernos de trading algorítmico.

Mayor rentabilidad potencial: La volatilidad y el crecimiento económico ofrecen oportunidades para estrategias algorítmicas que aprovechen movimientos significativos en los precios.

Democratización del acceso: El acceso a herramientas de trading algorítmico puede atraer a inversores minoristas en mercados con alta demanda de inclusión financiera.

Retos:

Limitaciones regulatorias: Muchos mercados emergentes carecen de marcos legales adecuados para la operación de algoritmos complejos.

Datos insuficientes o de baja calidad: Los algoritmos dependen de datos fiables y consistentes, lo que puede ser un problema en estos mercados.

Infraestructura tecnológica desigual: La conectividad limitada y los altos costos de acceso a las plataformas pueden restringir la adopción masiva.

Superar estos retos requiere una colaboración estrecha entre gobiernos, instituciones financieras y desarrolladores de tecnología. Además, ofrece una oportunidad para que los mercados emergentes se conviertan en líderes en innovación financiera en un futuro cercano.

Estos conceptos complementan el análisis del panorama actual del trading algorítmico, enfocándose en sus proyecciones y en los desafíos estratégicos para el futuro.

ANEXOS

Ejemplo de código básico en MQL5 para abrir y cerrar posiciones.

Aquí tienes un ejemplo de un **Expert Advisor (EA)** en MQL5 que abre posiciones basándose en el cruce de dos medias móviles: una de 8 periodos y otra de 22 periodos. Este EA abrirá posiciones de compra cuando la media de 8 cruce por encima de la de 22 y posiciones de venta cuando la media de 8 cruce por debajo de la de 22. También incluye un Trailing Stop, Stop Loss y Take Profit.

Código del EA

```
//+------------------------------------------------------+
//|              EA basado en medias móviles             |
//+------------------------------------------------------+
#property copyright "EA basado en medias móviles"
#property version   "1.00"
#property strict
```

```
// Parámetros de entrada
input int     FastPeriod = 8;       // Periodo de la media rápida
input int     SlowPeriod = 22;      // Periodo de la media lenta
input double  LotSize = 0.1;        // Tamaño del lote
input double  TakeProfit = 50;      // Take Profit en puntos
input double  StopLoss = 50;        // Stop Loss en puntos
input double  TrailingStop = 20;    // Trailing Stop en puntos

// Variables globales
double FastMA, SlowMA, PrevFastMA, PrevSlowMA;

//+------------------------------------------------------------+
//|  Expert initialization function                            |
//+------------------------------------------------------------+
int OnInit()
```

```
  {
   Print("EA inicializado. Operando con medias de ", FastPeriod, " y ", SlowPeriod);
   return(INIT_SUCCEEDED);
  }


//+------------------------------------------------------------------+
//|                  Expert deinitialization function                |
//+------------------------------------------------------------------+
void OnDeinit(const int reason)
  {
   Print("EA detenido.");
  }


//+------------------------------------------------------------------+
//|                       Expert tick function                       |
//+------------------------------------------------------------------+
void OnTick()
```

```
{
  // Cálculo de las medias móviles
  FastMA = iMA(NULL, 0, FastPeriod, 0, MODE_EMA, PRICE_CLOSE, 0);
  SlowMA = iMA(NULL, 0, SlowPeriod, 0, MODE_EMA, PRICE_CLOSE, 0);
  PrevFastMA = iMA(NULL, 0, FastPeriod, 0, MODE_EMA, PRICE_CLOSE, 1);
  PrevSlowMA = iMA(NULL, 0, SlowPeriod, 0, MODE_EMA, PRICE_CLOSE, 1);

  // Gestión del trailing stop
  ManageTrailingStop();

  // Comprobación de cruces
  if (PrevFastMA < PrevSlowMA && FastMA > SlowMA) // Cruce al alza
  {
    OpenBuy();
  }
  else if (PrevFastMA > PrevSlowMA && FastMA < SlowMA) // Cruce a la baja
  {
    OpenSell();
```

    }
}

//+--+
//| Función para abrir posiciones de compra |
//+--+
void OpenBuy()
{
   if (PositionsTotal() == 0)
   {
      double ask = SymbolInfoDouble(_Symbol, SYMBOL_ASK);
      double sl = ask - StopLoss * _Point;
      double tp = ask + TakeProfit * _Point;
      int ticket = OrderSend(_Symbol, OP_BUY, LotSize, ask, 2, sl, tp, "Compra por cruce", 0, 0, clrGreen);
      if (ticket < 0)
         Print("Error al abrir compra: ", GetLastError());
      else

        Print("Compra abierta: ", ticket);
  }
}

//+--+
//| Función para abrir posiciones de venta |
//+--+
void OpenSell()
{
  if (PositionsTotal() == 0)
  {
    double bid = SymbolInfoDouble(_Symbol, SYMBOL_BID);
    double sl = bid + StopLoss * _Point;
    double tp = bid - TakeProfit * _Point;
    int ticket = OrderSend(_Symbol, OP_SELL, LotSize, bid, 2, sl, tp, "Venta por cruce", 0, 0, clrRed);
    if (ticket < 0)
      Print("Error al abrir venta: ", GetLastError());

```
      else
         Print("Venta abierta: ", ticket);
   }
}
```

//+--+
//| Función para gestionar el Trailing Stop |
//+--+

```
void ManageTrailingStop()
{
   for (int i = 0; i < PositionsTotal(); i++)
   {
      ulong ticket = PositionGetTicket(i);
      double price = PositionGetDouble(POSITION_PRICE_OPEN);
      double sl = PositionGetDouble(POSITION_SL);
      double tp = PositionGetDouble(POSITION_TP);
      double currentPrice = (PositionGetInteger(POSITION_TYPE) ==
```

```
POSITION_TYPE_BUY)                    ?
SymbolInfoDouble(_Symbol, SYMBOL_BID)
:             SymbolInfoDouble(_Symbol,
SYMBOL_ASK);

    if (PositionGetInteger(POSITION_TYPE)
== POSITION_TYPE_BUY)
    {
    double   newSL   =   currentPrice   -
TrailingStop * _Point;
      if (newSL > sl)
     {
        if (!OrderModify(ticket, price, newSL,
tp, 0))
         Print("Error  modificando  SL  de
compra: ", GetLastError());
     }
    }
    else                              if
(PositionGetInteger(POSITION_TYPE)    ==
POSITION_TYPE_SELL)
    {
    double   newSL   =   currentPrice   +
TrailingStop * _Point;
      if (newSL < sl)
```

```
            {
                if (!OrderModify(ticket, price, newSL, tp, 0))
                    Print("Error modificando SL de venta: ", GetLastError());
            }
        }
    }
}
```

Características del EA:

Condiciones para abrir posiciones:

Compra: Cruce al alza de la EMA de 8 sobre la EMA de 22.

Venta: Cruce a la baja de la EMA de 8 sobre la EMA de 22.

Stop Loss y Take Profit:

Configurables en puntos a través de parámetros de entrada.

Trailing Stop:

Ajusta dinámicamente el nivel de Stop Loss para proteger las ganancias.

Control de posiciones abiertas:

Asegura que solo haya una posición abierta a la vez.

Ajustes:

Puedes modificar los valores de FastPeriod y SlowPeriod para cambiar los periodos de las medias móviles.

Ajusta los valores de TakeProfit, StopLoss y TrailingStop según tu estrategia.

A continuación te detallo cada uno de los apartados de éste código :

1. Declaración de Propiedades y Parámetros de Entrada

#property copyright "EA basado en medias móviles"

#property version   "1.00"

#property strict

input int   FastPeriod = 8;   // Periodo de la media rápida

input int   SlowPeriod = 22;   // Periodo de la media lenta

input double   LotSize = 0.1;   // Tamaño del lote

input double   TakeProfit = 50;   // Take Profit en puntos

input double   StopLoss = 50;   // Stop Loss en puntos

input double   TrailingStop = 20;   // Trailing Stop en puntos

Propiedades: Especifican la información del programa como derechos de autor, versión y estilo de codificación estricto para evitar errores comunes.

Parámetros de entrada (input): Permiten personalizar los valores del EA sin necesidad de modificar el código:

FastPeriod y SlowPeriod: Determinan los periodos de las medias móviles rápidas y lentas.

LotSize: Tamaño del lote para las operaciones.

TakeProfit y StopLoss: Configuran los niveles de ganancia y pérdida.

TrailingStop: Define la distancia (en puntos) para ajustar dinámicamente el Stop Loss.

---

2. Variables Globales

double FastMA, SlowMA, PrevFastMA, PrevSlowMA;

Estas variables almacenan los valores actuales y anteriores de las medias móviles rápida y lenta. Se usan para identificar cruces.

---

3. Función OnInit

```
int OnInit()
{
   Print("EA inicializado. Operando con medias de ", FastPeriod, " y ", SlowPeriod);
   return(INIT_SUCCEEDED);
}
```

Propósito: Inicializa el EA cuando se carga en el gráfico.

Acción: Imprime un mensaje en el registro para confirmar que el EA se ha cargado correctamente.

4. Función OnDeinit

void OnDeinit(const int reason)

{

  Print("EA detenido.");

}

Propósito: Ejecuta acciones cuando el EA se elimina del gráfico.

Acción: Imprime un mensaje indicando que el EA ha sido detenido.

5. Función OnTick

void OnTick()

{

  // Cálculo de las medias móviles

  FastMA = iMA(NULL, 0, FastPeriod, 0, MODE_EMA, PRICE_CLOSE, 0);

  SlowMA = iMA(NULL, 0, SlowPeriod, 0, MODE_EMA, PRICE_CLOSE, 0);

```
    PrevFastMA = iMA(NULL, 0, FastPeriod, 0,
MODE_EMA, PRICE_CLOSE, 1);
    PrevSlowMA = iMA(NULL, 0, SlowPeriod,
0, MODE_EMA, PRICE_CLOSE, 1);


    // Gestión del trailing stop
    ManageTrailingStop();


    // Comprobación de cruces
    if (PrevFastMA < PrevSlowMA && FastMA
> SlowMA) // Cruce al alza
    {
        OpenBuy();
    }
    else if (PrevFastMA > PrevSlowMA &&
FastMA < SlowMA) // Cruce a la baja
    {
        OpenSell();
    }
}
```

Propósito: Ejecuta las acciones principales del EA cada vez que hay un nuevo *tick* de precio.

Acciones:

Cálculo de las medias móviles: Obtiene los valores actuales y previos de las medias rápidas y lentas usando la función iMA.

Gestión del Trailing Stop: Llama a la función ManageTrailingStop para ajustar dinámicamente el Stop Loss.

Comprobación de cruces:

Si la media rápida cruza al alza sobre la lenta, llama a OpenBuy.

Si cruza a la baja, llama a OpenSell.

---

6. Función OpenBuy

```
void OpenBuy()
{
  if (PositionsTotal() == 0)
  {
    double ask = SymbolInfoDouble(_Symbol, SYMBOL_ASK);
    double sl = ask - StopLoss * _Point;
    double tp = ask + TakeProfit * _Point;
    int ticket = OrderSend(_Symbol, OP_BUY, LotSize, ask, 2, sl, tp, "Compra por cruce", 0, 0, clrGreen);
    if (ticket < 0)
```

Print("Error al abrir compra: ", GetLastError());

else

Print("Compra abierta: ", ticket);

  }
}

Propósito: Abre una posición de compra si no hay posiciones abiertas.

Acciones:

Verifica que no haya posiciones abiertas (PositionsTotal).

Calcula los precios de entrada, Stop Loss y Take Profit.

Usa OrderSend para enviar una orden de compra.

Imprime un mensaje confirmando la operación o indicando un error.

---

7. Función OpenSell

```
void OpenSell()
{
  if (PositionsTotal() == 0)
  {
```

```
double bid = SymbolInfoDouble(_Symbol, SYMBOL_BID);
double sl = bid + StopLoss * _Point;
double tp = bid - TakeProfit * _Point;
int ticket = OrderSend(_Symbol, OP_SELL, LotSize, bid, 2, sl, tp, "Venta por cruce", 0, 0, clrRed);
if (ticket < 0)
    Print("Error al abrir venta: ", GetLastError());
else
    Print("Venta abierta: ", ticket);
  }
}
```

Propósito: Abre una posición de venta si no hay posiciones abiertas.

Acciones: Similares a OpenBuy, pero ajusta los precios para una operación de venta.

---

8. Función ManageTrailingStop

```
void ManageTrailingStop()
{
  for (int i = 0; i < PositionsTotal(); i++)
  {
```

```
    ulong ticket = PositionGetTicket(i);
    double          price          =
PositionGetDouble(POSITION_PRICE_OPEN
);
    double          sl             =
PositionGetDouble(POSITION_SL);
    double          tp             =
PositionGetDouble(POSITION_TP);
    double          currentPrice   =
(PositionGetInteger(POSITION_TYPE)    ==
POSITION_TYPE_BUY)                    ?
SymbolInfoDouble(_Symbol, SYMBOL_BID)
:           SymbolInfoDouble(_Symbol,
SYMBOL_ASK);

    if (PositionGetInteger(POSITION_TYPE)
== POSITION_TYPE_BUY)
    {
        double newSL = currentPrice - TrailingStop * _Point;
        if (newSL > sl)
        {
            if (!OrderModify(ticket, price, newSL, tp, 0))
                Print("Error modificando SL de compra: ", GetLastError());
```

```
        }
      }
      else                              if
(PositionGetInteger(POSITION_TYPE)    ==
POSITION_TYPE_SELL)
      {
        double newSL = currentPrice +
TrailingStop * _Point;
        if (newSL < sl)
        {
          if (!OrderModify(ticket, price, newSL, tp, 0))
            Print("Error modificando SL de venta: ", GetLastError());
        }
      }
    }
}
```

Propósito: Ajusta el Stop Loss dinámicamente para proteger las ganancias cuando el precio se mueve a favor.

Acciones:

Recorre todas las posiciones abiertas.

Calcula un nuevo nivel de Stop Loss en función del precio actual.

Actualiza el Stop Loss si el nuevo nivel es más favorable.

Glosario de Términos Clave de MQL5

EA (Expert Advisor): Un programa automatizado que opera en los mercados financieros según las reglas definidas por el usuario.

Indicator: Herramienta que analiza datos de precios y volumen para generar señales de trading.

Symbol: Instrumento financiero, como un par de divisas (e.g., EUR/USD) o un activo (e.g., acciones, índices).

Timeframe: Intervalo de tiempo para cada vela o barra (e.g., M1, H1, D1).

OrderSend: Función que envía órdenes al mercado (compra o venta).

OrderModify: Modifica una orden existente, como ajustar el Stop Loss o Take Profit.

OrderClose: Cierra una posición abierta.

Stop Loss (SL): Nivel predeterminado donde se cerrará una posición para limitar pérdidas.

Take Profit (TP): Nivel predeterminado donde se cerrará una posición para asegurar ganancias.

Trailing Stop: Stop Loss dinámico que se ajusta automáticamente para proteger ganancias.

iMA (Moving Average): Función integrada para calcular medias móviles.

iRSI (Relative Strength Index): Función integrada para calcular el índice de fuerza relativa.

MODE_MAIN: Constante que indica el valor principal de un indicador técnico.

PositionGetDouble: Recupera datos de posiciones abiertas, como precios de entrada o SL.

PositionsTotal(): Retorna el número total de posiciones abiertas.

SymbolInfoDouble(): Recupera información sobre un símbolo, como precio de apertura o tick size.

OnInit(): Función que se ejecuta al iniciar el EA o indicador.

OnDeinit(): Función que se ejecuta al desactivar el EA o indicador.

OnTick(): Función que se ejecuta cada vez que llega un nuevo tick (cambio de precio).

ENUM_TIMEFRAMES: Enumeración que define los marcos temporales (e.g., PERIOD_M1, PERIOD_H1).

ENUM_ORDER_TYPE: Enumeración de los tipos de órdenes, como OP_BUY (compra) u OP_SELL (venta).

Ejemplo de código básico en Python para abrir y cerrar posiciones.

Aquí tienes un script en **Python** que implementa la lógica de trading basada en las medias móviles de 8 y 22 periodos, utilizando la biblioteca **MetaTrader5** (MetaTrader5 debe estar instalado para que el script funcione).

El script ejecutará operaciones de compra cuando la media rápida (8 periodos) cruce al alza la media lenta (22 periodos) y operaciones de venta cuando la media rápida cruce a la baja la media lenta. También incluye lógica para Stop Loss, Take Profit y Trailing Stop.

Código Python

```
import MetaTrader5 as mt5
import time


# Parámetros del script
SYMBOL = "EURUSD"        # Símbolo para operar
LOT_SIZE = 0.1           # Tamaño del lote
FAST_PERIOD = 8          # Periodo de la media rápida
```

```
SLOW_PERIOD = 22          # Periodo de la media lenta
TAKE_PROFIT = 50          # Take Profit en puntos
STOP_LOSS = 50            # Stop Loss en puntos
TRAILING_STOP = 20        # Trailing Stop en puntos
TIMEFRAME = mt5.TIMEFRAME_M1   # Timeframe (1 minuto)

# Conexión con MetaTrader 5
if not mt5.initialize():
    print("Error al inicializar MetaTrader 5")
    quit()


def get_moving_averages(symbol, timeframe, fast_period, slow_period):
    """
    Calcula las medias móviles rápidas y lentas.
    """
    rates = mt5.copy_rates_from_pos(symbol, timeframe, 0, slow_period + 1)
    if rates is None or len(rates) < slow_period:
```

```python
    return None, None

    closes = [rate['close'] for rate in rates]
    fast_ma = sum(closes[-fast_period:]) / fast_period
    slow_ma = sum(closes[-slow_period:]) / slow_period
    return fast_ma, slow_ma


def open_position(symbol, action, lot_size, stop_loss, take_profit):
    """
    Abre una posición de compra o venta.
    """
    price = mt5.symbol_info_tick(symbol).ask if action == "buy" else mt5.symbol_info_tick(symbol).bid
    point = mt5.symbol_info(symbol).point

    sl = price - stop_loss * point if action == "buy" else price + stop_loss * point
    tp = price + take_profit * point if action == "buy" else price - take_profit * point
```

```python
request = {
    "action": mt5.TRADE_ACTION_DEAL,
    "symbol": symbol,
    "volume": lot_size,
    "type": mt5.ORDER_TYPE_BUY if action == "buy" else mt5.ORDER_TYPE_SELL,
    "price": price,
    "sl": sl,
    "tp": tp,
    "deviation": 20,
    "magic": 123456,
    "comment": "Trade by script",
}

result = mt5.order_send(request)
if result.retcode != mt5.TRADE_RETCODE_DONE:
    print(f"Error al abrir posición: {result.comment}")
else:
    print(f"Posición abierta con éxito: {result.order}")
```

```python
def manage_trailing_stop():
    """
    Gestiona el trailing stop para todas las posiciones abiertas.
    """
    positions = mt5.positions_get(symbol=SYMBOL)
    if positions is None:
        print("Error al obtener posiciones")
        return

    for position in positions:
        price = position.price_open
        current_price = mt5.symbol_info_tick(SYMBOL).bid if position.type == mt5.ORDER_TYPE_BUY else mt5.symbol_info_tick(SYMBOL).ask
        sl = position.sl
        point = mt5.symbol_info(SYMBOL).point

        if position.type == mt5.ORDER_TYPE_BUY:
            new_sl = current_price - TRAILING_STOP * point
```

```python
        if new_sl > sl:
            modify_stop_loss(position.ticket, new_sl)
    elif position.type == mt5.ORDER_TYPE_SELL:
        new_sl = current_price + TRAILING_STOP * point
        if new_sl < sl:
            modify_stop_loss(position.ticket, new_sl)

def modify_stop_loss(ticket, new_sl):
    """
    Modifica el Stop Loss de una posición.
    """
    request = {
        "action": mt5.TRADE_ACTION_SLTP,
        "position": ticket,
        "sl": new_sl,
        "tp": None,
    }

    result = mt5.order_send(request)
```

```python
    if result.retcode != mt5.TRADE_RETCODE_DONE:
        print(f"Error al modificar Stop Loss: {result.comment}")
    else:
        print(f"Stop Loss actualizado: {result.order}")

# Bucle principal
try:
    print("Iniciando el script de trading...")
    while True:
        fast_ma, slow_ma = get_moving_averages(SYMBOL, TIMEFRAME, FAST_PERIOD, SLOW_PERIOD)
        if fast_ma is None or slow_ma is None:
            print("Esperando datos suficientes...")
            time.sleep(10)
            continue

        positions = mt5.positions_total()

        if fast_ma > slow_ma:
```

```
        # Cruce al alza
        if positions == 0:  # Verifica que no haya posiciones abiertas
            open_position(SYMBOL, "buy", LOT_SIZE, STOP_LOSS, TAKE_PROFIT)
    elif fast_ma < slow_ma:
        # Cruce a la baja
        if positions == 0:  # Verifica que no haya posiciones abiertas
            open_position(SYMBOL, "sell", LOT_SIZE, STOP_LOSS, TAKE_PROFIT)

        # Gestionar trailing stop
        manage_trailing_stop()

        time.sleep(10)  # Esperar 10 segundos antes de verificar nuevamente

except KeyboardInterrupt:
    print("Script detenido manualmente.")
finally:
    mt5.shutdown()
```

Explicación del Código:

Obtención de Medias Móviles: Se usa la función get_moving_averages para calcular las medias móviles rápidas y lentas usando los precios de cierre.

Apertura de Posiciones: La función open_position abre operaciones de compra o venta con los valores calculados de Stop Loss y Take Profit.

Gestión del Trailing Stop: manage_trailing_stop actualiza el Stop Loss dinámicamente para proteger las ganancias.

Ciclo Principal: Revisa cada 10 segundos si las condiciones de cruce de medias se cumplen y ejecuta las acciones correspondientes.

Requisitos:

MetaTrader 5: Debe estar instalado y configurado.

MetaTrader5 Library: Instalable con pip install MetaTrader5.

Símbolo Activo: Asegúrate de que el símbolo (e.g., EURUSD) está disponible en tu cuenta.

A continuación, te explico qué determina cada apartado del script en **Python** para el trading algorítmico:

1. Parámetros del Script

```
SYMBOL = "EURUSD"          # Símbolo para operar
LOT_SIZE = 0.1             # Tamaño del lote
FAST_PERIOD = 8            # Periodo de la media rápida
SLOW_PERIOD = 22           # Periodo de la media lenta
TAKE_PROFIT = 50           # Take Profit en puntos
STOP_LOSS = 50             # Stop Loss en puntos
TRAILING_STOP = 20         # Trailing Stop en puntos
TIMEFRAME = mt5.TIMEFRAME_M1   # Timeframe (1 minuto)
```

Definición: Estos son los parámetros configurables que controlan la lógica del script.

SYMBOL: El par de divisas o activo en el que operará el script.

LOT_SIZE: Tamaño del lote para cada operación.

FAST_PERIOD y **SLOW_PERIOD**: Periodos de las medias móviles rápida y lenta.

TAKE_PROFIT y **STOP_LOSS**: Niveles de ganancia y pérdida en puntos.

TRAILING_STOP: Distancia en puntos para el Trailing Stop.

TIMEFRAME: Temporalidad utilizada para analizar los datos.

2. Conexión con MetaTrader 5

if not mt5.initialize():

   print("Error al inicializar MetaTrader 5")

   quit()

Definición: Este bloque inicializa la conexión con la plataforma MetaTrader 5.

Si no puede conectarse, muestra un mensaje de error y detiene el script.

Es necesario que MetaTrader 5 esté instalado y configurado correctamente.

3. Función get_moving_averages

def get_moving_averages(symbol, timeframe, fast_period, slow_period):

   rates = mt5.copy_rates_from_pos(symbol, timeframe, 0, slow_period + 1)

   if rates is None or len(rates) < slow_period:

      return None, None

```
closes = [rate['close'] for rate in rates]
fast_ma = sum(closes[-fast_period:]) / fast_period
slow_ma = sum(closes[-slow_period:]) / slow_period
return fast_ma, slow_ma
```

Definición: Calcula las medias móviles rápida y lenta basándose en los precios de cierre.

Entradas:

symbol: El activo.

timeframe: La temporalidad (por ejemplo, 1 minuto).

fast_period y slow_period: Los periodos de las medias móviles.

Salidas: Retorna los valores de las medias móviles rápida y lenta.

Utiliza mt5.copy_rates_from_pos para obtener datos históricos.

---

4. Función open_position

```
def open_position(symbol, action, lot_size, stop_loss, take_profit):
    price = mt5.symbol_info_tick(symbol).ask if action == "buy" else mt5.symbol_info_tick(symbol).bid
```

```
point = mt5.symbol_info(symbol).point

sl = price - stop_loss * point if action == "buy" else price + stop_loss * point
tp = price + take_profit * point if action == "buy" else price - take_profit * point

request = {
    "action": mt5.TRADE_ACTION_DEAL,
    "symbol": symbol,
    "volume": lot_size,
    "type": mt5.ORDER_TYPE_BUY if action == "buy" else mt5.ORDER_TYPE_SELL,
    "price": price,
    "sl": sl,
    "tp": tp,
    "deviation": 20,
    "magic": 123456,
    "comment": "Trade by script",
}

result = mt5.order_send(request)
```

```
if result.retcode != mt5.TRADE_RETCODE_DONE:
    print(f"Error al abrir posición: {result.comment}")
else:
    print(f"Posición abierta con éxito: {result.order}")
```

Definición: Abre una posición de compra o venta.

Entradas:

symbol: Activo.

action: Tipo de operación ("buy" o "sell").

lot_size: Tamaño del lote.

stop_loss y take_profit: Distancias en puntos para SL y TP.

Acciones:

Calcula precios de entrada, SL y TP.

Envía una solicitud de operación a MetaTrader 5 con mt5.order_send.

Verifica el resultado de la operación e imprime un mensaje.

---

5. Función manage_trailing_stop

```
def manage_trailing_stop():
```

```python
    positions = mt5.positions_get(symbol=SYMBOL)
    if positions is None:
        print("Error al obtener posiciones")
        return

    for position in positions:
        price = position.price_open
        current_price = mt5.symbol_info_tick(SYMBOL).bid if position.type == mt5.ORDER_TYPE_BUY else mt5.symbol_info_tick(SYMBOL).ask
        sl = position.sl
        point = mt5.symbol_info(SYMBOL).point

        if position.type == mt5.ORDER_TYPE_BUY:
            new_sl = current_price - TRAILING_STOP * point
            if new_sl > sl:
                modify_stop_loss(position.ticket, new_sl)
        elif position.type == mt5.ORDER_TYPE_SELL:
```

```
new_sl  =  current_price  +
TRAILING_STOP * point
    if new_sl < sl:
        modify_stop_loss(position.ticket, new_sl)
```

Definición: Ajusta dinámicamente el Stop Loss para proteger las ganancias de las posiciones abiertas.

Obtiene todas las posiciones abiertas del símbolo.

Calcula un nuevo nivel de SL basado en el precio actual y el valor de Trailing Stop.

Si el nuevo SL es más favorable, llama a modify_stop_loss.

---

6. Función modify_stop_loss

```
def modify_stop_loss(ticket, new_sl):
    request = {
        "action": mt5.TRADE_ACTION_SLTP,
        "position": ticket,
        "sl": new_sl,
        "tp": None,
    }
```

```
result = mt5.order_send(request)
if          result.retcode          !=
mt5.TRADE_RETCODE_DONE:
    print(f"Error al modificar Stop Loss: {result.comment}")
else:
    print(f"Stop Loss actualizado: {result.order}")
```

Definición: Modifica el Stop Loss de una posición abierta.

Entradas:

ticket: Identificador de la posición.

new_sl: Nuevo nivel de Stop Loss.

Envía una solicitud a MetaTrader 5 para modificar el SL de la posición correspondiente.

---

7. Bucle Principal

```
try:
    print("Iniciando el script de trading...")
    while True:
        fast_ma, slow_ma = get_moving_averages(SYMBOL, TIMEFRAME, FAST_PERIOD, SLOW_PERIOD)
        if fast_ma is None or slow_ma is None:
```

```
        print("Esperando datos suficientes...")
        time.sleep(10)
        continue

    positions = mt5.positions_total()

    if fast_ma > slow_ma:
        if positions == 0:
            open_position(SYMBOL, "buy", LOT_SIZE, STOP_LOSS, TAKE_PROFIT)
    elif fast_ma < slow_ma:
        if positions == 0:
            open_position(SYMBOL, "sell", LOT_SIZE, STOP_LOSS, TAKE_PROFIT)

    manage_trailing_stop()
    time.sleep(10)
except KeyboardInterrupt:
    print("Script detenido manualmente.")
finally:
    mt5.shutdown()
```

Definición: Ejecuta la lógica del trading en un ciclo continuo.

Acciones:
Calcula las medias móviles.
Determina si se debe abrir una posición basada en los cruces.
Gestiona el Trailing Stop.
Espera 10 segundos entre iteraciones.

Glosario de Términos Clave de Python

Script: Archivo de texto que contiene código Python para ser ejecutado.

Module: Archivo que contiene funciones, clases o variables que pueden ser importadas a otros scripts.

Package: Colección de módulos organizados en un directorio con un archivo __init__.py.

Function: Bloque de código reutilizable definido con def que realiza una tarea específica.

Class: Plantilla para crear objetos, definida con class.

Object: Instancia de una clase que tiene propiedades (atributos) y comportamientos (métodos).

Library: Conjunto de módulos o paquetes que extienden las capacidades de Python (e.g., pandas, numpy).

DataFrame: Estructura de datos bidimensional de pandas para manejar y analizar datos tabulares.

List: Colección ordenada de elementos, que permite duplicados (e.g., [1, 2, 3]).

Tuple: Colección ordenada e inmutable de elementos (e.g., (1, 2, 3)).

Dictionary: Estructura de datos que almacena pares clave-valor (e.g., {"key": "value"}).

Loop: Estructura que ejecuta un bloque de código repetidamente (for, while).

Comprehension: Forma concisa de construir listas, diccionarios o conjuntos (e.g., [x**2 for x in range(10)]).

Exception Handling: Mecanismo para manejar errores usando try, except, finally.

Decorator: Función que modifica el comportamiento de otra función o método.

Generator: Función que retorna un iterador mediante yield en lugar de return.

Lambda: Función anónima definida con la palabra clave lambda.

Pandas: Biblioteca para análisis y manipulación de datos tabulares.

Numpy: Biblioteca para operaciones matemáticas y análisis numérico.

Matplotlib: Biblioteca para visualización de datos mediante gráficos.

Flask: Microframework para desarrollo de aplicaciones web.

FastAPI: Framework moderno para construir APIs rápidas y eficientes.

Jupyter Notebook: Entorno interactivo para escribir y ejecutar código Python.

Virtual Environment: Entorno aislado para instalar dependencias específicas de un proyecto.

Package Manager: Herramienta para instalar bibliotecas y paquetes (e.g., pip).

Iterable: Objeto que puede ser recorrido (e.g., listas, cadenas).

Iterator: Objeto que produce los elementos de un iterable uno a uno.

Type Hinting: Sistema para indicar tipos de datos en funciones (e.g., def suma(x: int, y: int) -> int).

REPL: Entorno interactivo de Python (Read-Eval-Print Loop).

Asyncio: Biblioteca para programación asíncrona en Python.

Aquí tienes una relación de las plataformas en las que puedes utilizar Python, categorizadas según su propósito:

1. Plataformas de Desarrollo de Software

Python es ampliamente utilizado en el desarrollo de aplicaciones, scripts y software en general. Estas plataformas son ideales para trabajar en proyectos que van desde pequeños scripts hasta aplicaciones completas:

PyCharm: IDE especializado en Python, ideal para proyectos avanzados con soporte para depuración y herramientas profesionales.

Visual Studio Code (VS Code): Editor de código versátil, muy popular, con extensiones para Python.

Jupyter Notebook: Entorno interactivo para desarrollo de scripts, ideal para ciencia de datos y aprendizaje automático.

Spyder: IDE enfocado en cálculos científicos y análisis de datos, utilizado en investigación.

Thonny: IDE ligero diseñado para principiantes en Python.

2. Plataformas para Ciencia de Datos y Machine Learning

Python es una de las herramientas principales en análisis de datos, inteligencia artificial y aprendizaje automático:

TensorFlow: Framework para construir y entrenar modelos de aprendizaje profundo.

PyTorch: Alternativa a TensorFlow, utilizada ampliamente en investigación y desarrollo de IA.

Scikit-learn: Biblioteca para implementar algoritmos de aprendizaje automático y minería de datos.

Google Colab: Entorno basado en la nube para ejecutar notebooks Jupyter con soporte para GPU/TPU.

Anaconda: Distribución que incluye herramientas como Jupyter, Spyder y bibliotecas científicas preinstaladas.

3. Plataformas para Automatización y Scripting

Python es una excelente opción para automatizar tareas repetitivas y desarrollar scripts:

AutoIt con Python: Permite automatizar tareas en Windows.

Selenium: Herramienta para automatización de pruebas en aplicaciones web.

Robot Framework: Marco de trabajo para pruebas automatizadas y tareas repetitivas.

Apache Airflow: Plataforma para la automatización y orquestación de flujos de trabajo.

---

4. Plataformas de Desarrollo Web

Con frameworks especializados, Python permite construir aplicaciones web rápidas y escalables:

Django: Framework completo para construir aplicaciones web robustas y seguras.

Flask: Framework ligero, ideal para proyectos pequeños o prototipos.

FastAPI: Framework moderno para crear APIs rápidas y eficientes.

Pyramid: Framework flexible para proyectos de cualquier tamaño.

Tornado: Ideal para aplicaciones web en tiempo real.

---

5. Plataformas Financieras y de Trading

Python es popular en el análisis financiero, trading algorítmico y gestión de riesgos:

MetaTrader 5 (MT5): Integra Python para estrategias de trading y análisis de datos.

QuantConnect: Plataforma de trading algorítmico compatible con Python.

Backtrader: Herramienta para backtesting de estrategias de trading.

Interactive Brokers (IBKR API): API para automatizar operaciones financieras.

6. Plataformas en la Nube

Python es ampliamente soportado por servicios en la nube, lo que facilita la escalabilidad y despliegue de aplicaciones:

Google Cloud Platform (GCP): Ofrece herramientas como AI Platform y Cloud Functions con soporte para Python.

Amazon Web Services (AWS): Compatible con servicios como Lambda, SageMaker y Elastic Beanstalk.

Microsoft Azure: Ideal para implementar soluciones de IA y aplicaciones web con Python.

Heroku: Permite desplegar aplicaciones Python rápidamente.

DigitalOcean: Plataforma para hospedar aplicaciones web o APIs hechas en Python.

7. Plataformas para Hardware y Electrónica

Python también se usa para interactuar con dispositivos y sistemas embebidos:

Raspberry Pi: Plataforma para proyectos de electrónica y domótica.

Arduino (con PyFirmata): Controla placas Arduino mediante Python.

MicroPython: Versión ligera de Python para microcontroladores.

CircuitPython: Similar a MicroPython, orientado a proyectos educativos.

8. Plataformas de Big Data

Para manejar grandes volúmenes de datos, Python ofrece compatibilidad con herramientas avanzadas:

Apache Spark (PySpark): Procesamiento distribuido de grandes volúmenes de datos.

Dask: Alternativa ligera para manejar datos en paralelo.

Hadoop (Pydoop): Integra Python en el ecosistema Hadoop.

Databricks: Plataforma basada en Apache Spark para análisis avanzado de datos.

9. Plataformas para Desarrollo de Juegos

Python también es usado en el desarrollo de videojuegos y simulaciones:

Pygame: Biblioteca popular para crear videojuegos 2D.

Godot Engine: Motor de desarrollo de juegos que soporta scripting con Python (GDScript).

Blender: Software de modelado 3D que permite usar Python para scripting.

10. Plataformas de Automatización Industrial

Python se utiliza en la automatización de procesos industriales y robótica:

OpenCV: Procesamiento de imágenes y visión por computadora.

ROS (Robot Operating System): Sistema operativo para desarrollo de robótica.

PyPLC: Control de procesos industriales mediante PLCs.

Python es extremadamente versátil y compatible con una amplia variedad de plataformas y herramientas. Dependiendo de tus necesidades (desarrollo web, análisis de datos, automatización, etc.), hay una plataforma adecuada que maximizará la eficiencia de tu trabajo.

¡Gracias por confiar en este libro como parte de tu formación! Te deseo éxito y determinación en tu carrera como trader.

A través de éste enlace puede acceder a la publicación en Amazon

https://shorturl.fm/lQWGF

Tirso Díaz Díaz

www.ingramcontent.com/pod-product-compliance
Lightning Source LLC
Chambersburg PA
CBHW020643220526
45464CB00001B/275